海上絲綢之路基本文獻叢書

東夷考略
渤海疆域考

〔明〕茅瑞徵 撰／〔朝鮮〕徐相雨 輯

文物出版社

圖書在版編目（CIP）數據

東夷考略 / （明）茅瑞徵撰．渤海疆域考 /（朝鮮）徐相雨輯．-- 北京 ：文物出版社，2022.6
（海上絲綢之路基本文獻叢書）
ISBN 978-7-5010-7542-3

Ⅰ．①東… ②渤… Ⅱ．①茅… ②徐… Ⅲ．①女真－民族歷史－史料②渤海國－史料 Ⅳ．①K289

中國版本圖書館 CIP 數據核字（2022）第 065613 號

海上絲綢之路基本文獻叢書

東夷考略·渤海疆域考

著　　者：〔明〕茅瑞徵　〔朝鮮〕徐相雨
策　　划：盛世博閱（北京）文化有限責任公司

封面設計：鞏榮彪
責任編輯：劉永海
責任印製：張　麗

出版發行：文物出版社
社　　址：北京市東城區東直門内北小街 2 號樓
郵　　編：100007
網　　址：http://www.wenwu.com
郵　　箱：web@wenwu.com
經　　銷：新華書店
印　　刷：北京旺都印務有限公司
開　　本：787mm×1092mm　1/16
印　　張：13.25
版　　次：2022 年 6 月第 1 版
印　　次：2022 年 6 月第 1 次印刷
書　　號：ISBN 978-7-5010-7542-3
定　　價：98.00 圓

總緒

海上絲綢之路，一般意義上是指從秦漢至鴉片戰爭前中國與世界進行政治、經濟、文化交流的海上通道，主要分爲經由黄海、東海的海路最終抵達日本列島及朝鮮半島的東海航綫和以徐聞、合浦、廣州、泉州爲起點通往東南亞及印度洋地區的南海航綫。

在中國古代文獻中，最早、最詳細記載『海上絲綢之路』航綫的是東漢班固的《漢書・地理志》，詳細記載了西漢黄門譯長率領應募者入海『齎黄金雜繒而往』之事，書中所出現的地理記載與東南亞地區相關，并與實際的地理狀況基本相符。

東漢後，中國進入魏晋南北朝長達三百多年的分裂割據時期，絲路上的交往也走向低谷。這一時期的絲路交往，以法顯的西行最爲著名。法顯作爲從陸路西行到印度，再由海路回國的第一人，根據親身經歷所寫的《佛國記》（又稱《法顯傳》）一書，詳細介紹了古代中亞和印度、巴基斯坦、斯里蘭卡等地的歷史及風土人情，是瞭解和研究海陸絲綢之路的珍貴歷史資料。

隨着隋唐的統一，中國經濟重心的南移，中國與西方交通以海路爲主，海上絲綢之路進入大發展時期。廣州成爲唐朝最大的海外貿易中心，朝廷設立市舶司，專門管理海外貿易。唐代著名的地理學家賈耽（七三〇～八〇五年）的《皇華四達記》記載了從廣州通往阿拉伯地區的海上交通『廣州通夷道』，詳述了從廣州港出發，經越南、馬來半島、蘇門答臘半島至印度、錫蘭，直至波斯灣沿岸各國的航綫及沿途地區的方位、名稱、島礁、山川、民俗等。譯經大師義净西行求法，將沿途見聞寫成著作《大唐西域求法高僧傳》，詳細記載了海上絲綢之路的發展變化，是我們瞭解絲綢之路不可多得的第一手資料。

宋代的造船技術和航海技術顯著提高，指南針廣泛應用於航海，中國商船的遠航能力大大提升。北宋徐兢的《宣和奉使高麗圖經》詳細記述了船舶製造、海洋地理和往來航綫，是研究宋代海外交通史、中朝友好關係史、中朝經濟文化交流史的重要文獻。南宋趙汝適《諸蕃志》記載，南海有五十三個國家和地區與南宋通商貿易，形成了通往日本、高麗、東南亞、印度、波斯、阿拉伯等地的『海上絲綢之路』。宋代爲了加强商貿往來，於北宋神宗元豐三年（一〇八〇年）頒佈了中國歷史上第一部海洋貿易管理條例《廣州市舶條法》，并稱爲宋代貿易管理的制度範本。

元朝在經濟上採用重商主義政策，鼓勵海外貿易，中國與歐洲的聯繫與交往非常頻繁，其中馬可·波羅、伊本·白圖泰等歐洲旅行家來到中國，留下了大量的旅行記，記録元代海上絲綢之路的盛況。元代的汪大淵兩次出海，撰寫出《島夷志略》一書，記録了二百多個國名和地名，其中不少首次見於中國著録，涉及的地理範圍東至菲律賓群島，西至非洲。這些都反映了元朝時中西經濟文化交流的豐富内容。

明、清政府先後多次實施海禁政策，海上絲綢之路的貿易逐漸衰落。但是從明永樂三年至明宣德八年的二十八年裏，鄭和率船隊七下西洋，先後到達的國家多達三十多個，在進行經貿交流的同時，也極大地促進了中外文化的交流，這些都詳見於《西洋蕃國志》《星槎勝覽》《瀛涯勝覽》等典籍中。

關於海上絲綢之路的文獻記述，除上述官員、學者、求法或傳教高僧以及旅行者的著作外，自《漢書》之後，歷代正史大都列有《地理志》《四夷傳》《西域傳》《外國傳》《蠻夷傳》《屬國傳》等篇章，加上唐宋以來衆多的典制類文獻、地方史志文獻，集中反映了歷代王朝對於周邊部族、政權以及西方世界的認識，都是關於海上絲綢之路的原始史料性文獻。

海上絲綢之路概念的形成，經歷了一個演變的過程。十九世紀七十年代德國地理學家費迪南·馮·李希霍芬（Ferdinad Von Richthofen，一八三三～一九〇五），在其《中國：親身旅行和研究成果》第三卷中首次把輸出中國絲綢的東西陸路稱爲『絲綢之路』。有『歐洲漢學泰斗』之稱的法國漢學家沙畹（Édouard Chavannes，一八六五～一九一八），在其一九〇三年著作的《西突厥史料》中提出『絲路有海陸兩道』，蘊涵了海上絲綢之路最初提法。迄今發現最早正式提出『海上絲綢之路』一詞的是日本考古學家三杉隆敏，他在一九六七年出版《中國瓷器之旅：探索海上的絲綢之路》中首次使用『海上絲綢之路』一詞；一九七九年三杉隆敏又出版了《海上絲綢之路》一書，其立意和出發點局限在東西方之間的陶瓷貿易與交流史。

二十世紀八十年代以來，在海外交通史研究中，『海上絲綢之路』一詞逐漸成爲中外學術界廣泛接受的概念。根據姚楠等人研究，饒宗頤先生是華人中最早提出『海上絲綢之路』的人，他的《海道之絲路與昆侖舶》正式提出『海上絲路』的稱謂。選堂先生評價海上絲綢之路是外交、貿易和文化交流作用的通道。此後，大陸學者馮蔚然在一九七八年編寫的《航運史話》中，使用『海上絲綢之路』一詞，這是迄今學界查到的中國大陸最早使用『海上絲綢之路』的人，更多地限於航海活動領域的考察。一九八〇年北京大學陳炎教授提出『海上絲綢之路』研究，并於一九八一年發表《略論海上絲綢之路》一文。他對海上絲綢之路的理解超越以往，且帶有濃厚的愛國主義思想。陳炎教授之後，從事研究海上絲綢之路的學者越來越多，尤其沿海港口城市向聯合國申請海上絲綢之路非物質文化遺產活動，將海上絲綢之路研究推向新高潮。另外，國家把建設『絲綢之路經濟帶』和『二十一世紀海上絲綢之路』作爲對外發展方針，將這一學術課題提升爲國家願景的高度，使海上絲綢之路形成超越學術進入政經層面的熱潮。

與海上絲綢之路學的萬千氣象相對應，海上絲綢之路文獻的整理工作仍顯滯後，遠遠跟不上突飛猛進的研究進展。二〇一八年厦門大學、中山大學等單位聯合發起『海上絲綢之路文獻集成』專案，尚在醖釀當中。我們不揣淺陋，深入調查，廣泛搜集，將有關海上絲綢之路的原始史料文獻和研究文獻，分爲風俗物産、雜史筆記、海防海事、典章檔案等六個類别，彙編成《海上絲綢之路歷史文化叢書》，於二〇二〇年影印出版。此輯面市以來，深受各大圖書館及相關研究者好評。爲讓更多的讀者親近古籍文獻，我們遴選出前編中的菁華，彙編成《海上絲綢之路基本文獻叢書》，以單行本影印出版，以饗讀者，以期爲讀者展現出一幅幅中外經濟文化交流的精美畫卷，爲海上絲綢之路的研究提供歷史借鑒，爲『二十一世紀海上絲綢之路』倡議構想的實踐做好歷史的詮釋和注脚，從而達到『以史爲鑒』『古爲今用』的目的。

凡例

一、本編注重史料的珍稀性，從《海上絲綢之路歷史文化叢書》中遴選出菁華，擬出版百册單行本。

二、本編所選之文獻，其編纂的年代下限至一九四九年。

三、本編排序無嚴格定式，所選之文獻篇幅以二百餘頁爲宜，以便讀者閱讀使用。

四、本編所選文獻，每種前皆注明版本、著者。

五、本編文獻皆爲影印，原始文本掃描之後經過修復處理，仍存原式，少數文獻由於原始底本欠佳，略有模糊之處，不影響閱讀使用。

六、本編原始底本非一時一地之出版物，原書裝幀、開本多有不同，本書彙編之後，統一爲十六開右翻本。

目録

東夷考略

東夷考略

一卷

〔明〕茅瑞徵　撰

明天啓刻本

東夷考畧

附圖

女直通考

海西女直考

建州女直考

浣花居藏板

攷原
自有東寇
主憂臣辱而議仝築舍局
等奕碁爰鑒往以察來庶
懲噎而改轍故考東夷在

昔女直既殊生熟之稱即
今海西尔列南北之號瓜
分豆剖厥裔實繁須蚕
食業騁于兩關而鯨吞敢
恣于上國耳目所逮寧過

而存之故通考外渡次海
西達州嵩馬自宜引嫌柄
蠻不妨鷹膳唯執簡以俟斷
自
先帝之發遐而企踵以須

徐聽後人之補塞廣繆廢
恤韋逭謗書故考東夷記
于萬曆紀年疆場一役一
此蒙茸將誰適從語不云
乎中流遇風何沒之也肉

食者鄙匪沿曾劇之談
謀野則獲竊取裨諶之
義故諸孜輒參以緒論古
亦有談兵於聚米或畫地
以成圖量彼此情形多算

乃勝問山川險易扼掌爲
艱間假顧陸之丹青繪
佐韓白之畫筞曷可少哉
故作諸考先以地圖云爾
浣花主人書

東夷考畧目

茗上愚公撰次

女直

女直始著東漢曰挹婁古肅慎國在夫餘東北千餘里東濱大海阻山穴居塗豕膏禦寒無君長射用楛矢石鏃長尺八寸出赤玉豐貂所謂挹婁貂也自漢臣屬夫餘魏黃初中始叛便乘舟寇刼景元末以楛矢石砮弓貂來貢歷元魏號勿吉延與中遣使乙力支朝獻從契丹西界達和龍言繇水道密謀百濟取高句麗其國在高麗北有大水廣餘三里名粟末水發原太白山入隋號靺鞨凡七

部。其一粟末部，依水南抵太白，與高麗接，頻相寇
者也。稍東白山部，臣高麗，餘部各勝兵數千人，而
黑水部尤勁，居極北。唯粟末白山近隋境，其俗常
以秋月造毒藥傅矢射禽獸，立死。畜多豕，衣其皮。
以溺濯面，於諸夷中最穢。開皇初遣使貢獻。開其
國西北接契丹，每寇掠，因詔使罷攻。唐征高麗，靺
鞨各部奔散，而粟末與黑水獨存。粟末一稱渤海，
更號黑水靺鞨、渤海靺鞨。貞觀二年，黑水渠長阿
固郎臣附，以其地爲燕州。開元十年，置黑水府，揚

其酋姓李氏名獻誠以雲麾將軍領黑水經畧使
訖元和朝獻而渤海附高麗者姓大氏高麗滅保
挹婁之東牟山武后時大乞乞仲象與靺鞨酋乞
四比羽東度遼水分王高麗故地武后遣將擊殺
比羽而仲象亦病死其子祚榮并比羽之衆負險
建國勝兵數萬盡得扶餘沃沮弁韓朝鮮海北諸
國地睿宗遣使拜祚榮渤海郡王以所總爲忽汗
州領都督自是去靺鞨專稱渤海傳孫欽茂天寶
末徙上京直舊國三百里忽汗河之東寶應元年

以渤海爲國王之五傳仁秀頗拓境遣諸生詣京師習制度遂爲海東盛國有五京十五府六十二州以肅慎故地爲上京南爲中京濊貊故地爲東京沃沮故地爲南京高麗故地爲西京西京曰鴨綠府朝獻訖咸通世役屬黑水五代時契丹盡取渤海地而黑水靺鞨因附屬阿保機遷其豪數千家於遼陽南曰合蘇館由是黑水部落在南者籍契丹號熟女真在北者不入籍號生女真後避興宗諱改女直地有混同江長白山混同江本色微

黑。亦名黑龍江。即粟末河。發原太白者。太白山。一
曰長白。橫亘百里。巔有水源。下注成湖。出東珠。貴
者直千金。南流爲鴨綠江。北流爲混同江。達五國
城。東入于海。其出北山。南流入松花江。是爲白山
黑水。金所繇開國也。始祖從高麗來完顏部。部有
女年六十。未嫁。配生男。遂爲完顏人。自烏古執叛
遼節度授乙門以獻。遼主以爲生女直部族節度
使。至孫阿骨打滅遼。爲金祖。以始興地爲會寧府。
更稱上京。初女直兵未嘗滿千。及聲伐遼。督諸路

東夷考畧　女直　三

兵會來流水。得二千五百人。并召渤海。曰。女直渤海本一家。戰鴨子河。始滿萬。遼人言女直滿萬則不可敵。既屢捷。以金堅不壞。色白。而完顏部色尚白。遂號大金焉。元滅金。即扶餘故壤。改開元路。治黃龍府。別置合蘭府水達達等路。設軍民萬戶府五。分領混同江南北之地。各仍女直俗相統攝。

國初定開元。改開原道。控帶諸夷。女直各部。在混同江以東東濵海。西接兀良哈。南隣朝鮮。北至奴兒干。畧有三種。自湯站東抵開原。居海西者。爲海西女直居建州毛憐者爲建州女直極東爲野人女直屯種甚驂開原北近松花江曰山夷又北抵黑龍江曰江夷而江夷有厥扒兀剌等族建州毛憐裔出渤海事耕紝居處食飲有華風海西係黑水裔其山夷倚山作寨即熟女直完顏種江夷居黑龍江即生女直並有室廬或以樺皮爲帷止則張架徙善射馳獵耐饑渴忍詬好盜其戰鬭多步少騎上下巖壁如飛而建州阻萬山獨居中據要害五嶺喜昌石門尤扼險人騎不得成列於女直

稱最强。永樂元年、遣行人邢樞招諭奴兒干諸部。
野人酋長來朝。因悉境附。九年春、遣中使治巨艦。
勒水軍江上、召集諸酋豪、縻以官賞。於是康旺。佟
答剌哈。王肇州、瑣勝哥、四酋率衆降、始設奴兒干
都司、自開原東北至松花江以西、先後置建州毛
憐塔山等衛一百八十四、兀者等所二十、官其酋
爲都督。都指揮。指揮、千百戶。鎮撫　賜勑印。各統
分部。復置站地面各七、寨一。不領于衛所、令歲以
冬月從開原入朝貢。唯野人女直僻遠、無常期。諸

部願內附者。開原設安樂州。遼陽設自在州。處之已又為海西建州各夷立馬市開原。歲時賜予甚厚。終

帝世奉職謹。征調輒赴。建州衛指揮阿哈出以功。賜姓名李思誠。其子釋家奴。曰李顯忠。顯忠弟猛哥不花。亦以內附。領毛憐衛。累都督同知。久之。顯忠死。子滿住襲。求駐牧蘇子河。而開原降虜楊木荅兀。率數百騎奔建州。寖為遼患。宣德間。守臣務招徠。請居以建州老營地。老營者。　朝廷歲以其

地取人參松子。所名東建州乃是也。四年。海西野人女直數寇掠。都督巫凱請討之。不許。賜勅戒諭。令凱厚恤貢夷。正統初。建州左衛都督猛可帖木兒。爲七姓野人所殺。弟凡察。子童倉。走朝鮮。亡其印。詔更給。以童倉弟董山襲建州衛指揮。亡何。凡察歸。得故印。詔上更給者。匿不出。乃更分置右衛。剖二印。令董山領左。凡察領右。正統末。董山與李滿住等竝附也先爲耳目。鈔掠遼東。景泰中。都御史王翺諭歸所掠。稍寧戢。而海西野人諸酋長死也先之亂盡失　賜敕子孫不得襲以舍人入貢宴賞大減殊心望天順三年董山潛結朝鮮僞授中樞密使巡撫都御史程信詐令自在州知州佟成廉他事得朝鮮授山制書以聞

上遣給事中往朝鮮錦衣譯者往建州各軟語枝梧出制書示始慴服貢馬謝成化二年左都御史李秉言建州毛憐海西各部來貢邊臣察驗貂皮取純黑馬取膘壯否即拒之非厚往薄來意且貂產黑龍江迤北非建州毛憐所有宜勑守臣驗放

無過苛啟釁。下兵部議。如秉言。而董山來朝。語不遜。糾毛憐海西夷類盜邊。三年。命武靖伯趙輔充靖虜將軍。左都御史秉督師。率漢番京邊官軍五萬往征之。山僞自歸。　詔羈廣寧。尋伏法。九月。分三道擣其巢。左軍出渾河。越石門。至分水嶺。右軍由鴉鶻關。喜昌口。踰鳳凰城。摩天嶺。至潑猪江。中軍自撫順經薄刀山。過五嶺。度蘇子河。至虎城。刻日會勦。朝鮮亦遣中樞府知事康純等佐兵萬人。遏東走路。俘斬千計。并誅李滿住。會積雪。寒裂膚。

遂班師指揮張額的里率妻孥降且曰此地自漢人跡罕至唯唐太宗東征抵鳳凰城今大兵追奔及此乃天也輔具奏

上憐而貰之仍安置部夷閫廣而我所損士馬亦不貲四年留副總兵韓斌防守築撫順清河靉陽諸堡五年禮部奏猲通事武忠等諭海西女直各夷常貢外無進海東青兎鶻并省諭貢使無濫額六年建州夷窺邊虜虛謀作亂巡撫都御史彭誼獲其諜檄轉餉實鐵嶺瀋陽三萬諸衛整師出遼

陽衆潰匿。朝廷因示羈縻，復以董山子脫羅爲指揮。宅從叛者得降秩，襲諸夷復貢，然往往聲報董山讐，糾掠塞上。十四年，海西兀者前衛都指揮散赤哈上番書，言開原驗貢，勒受珍珠豹皮。兵部移文都御史陳鉞勘狀。徵赴廣寧詈對，散赤哈率所部十餘輩由撫順關入，守將以非故道，卻之，因藉忿與建州夷合，乘虛大掠鳳集諸堡。鉞擒近邊蕃戶以捷聞，更請大發兵。中璫汪直惑通事王英言，鉞請行，冀邀功賞。詔以兵部侍郎馬文升經

畧直亦繼往按事文升疾趨瀋陽召各酋長撫慰
賑以牛布已諜知海西夷反側容檄總兵歐信等
設伏邀擊大破之海西夷亦聽撫比直至衆已各
解散直心害文升功而文升遇直倨鉞復搆以媢
直遂奏建州女直諸夷以文升曩在鎮禁易農器
故屢入寇
上遣直及刑部尚書林聰即訊文升言所禁鐵器
非農器不聽明年下文升獄謫戍重慶是時東寧
人劉八當哈以天順間盗馬奔建州至是與張驢

兒等。冒虜酋阿卜等名朝貢。梟首惡遼東塞。而陳鉞希直意。奏建州女直伏當加聲寇遼。請擣穴。遂命撫寧侯朱永佩靖虜將軍印。充總兵官。討建州夷。以直督師。鉞參贊東征軍務。直等給執貢夷郎禿等六十餘人。械所司。并襲老弱報級。加直祿米。進永保國公。鉞右都御史。十六年。建州女直以復仇。憏掠清河等堡。後三年。直始敗。鉞坐褫職為民。起馬文升左副都御史。巡撫遼東。會其酋完者禿貢馬。復聽襲。脩貢如例。塞上寇益稀。正德八年。海西夷加哈叉祝孔革等朝貢旋就撫諭嘉靖初海西夷酋速黑忒強以脩貢謹及捕叛夷猛克特進左都督　賜金帶大帽其後請乞漸煩貢浮額從兵部議　勑守臣嚴覈如制二十一年建州右衛夷酋李撒赤哈糾衆入寇都御史孫禬禦之多亡失至深入鳳凰城　命給事中林廷壆往勘明年廷壆還報上言邊事請稽衛所原額令以次分沓入貢庶幾古人質子之意并懸都督重秩以待斬馘奇功亡何以海西夷酋王忠偵虜功陞都督僉

事。其秋。建州夷酋趙那磕等。分道寇湯站等堡。禦卻之。而李撒赤哈復盜邊。二十四年就擒梟塞上。賜總兵趙國忠等金幣。頃之。都御史於敖滅撫賞。諸夷譁。詐殺譁者。遂挾憤入塞。殺掠如成化時。巡撫以不任相繼罷。二十七年。女直諸夷及兀良哈。勾虜入遼。都御史李珏復罷去。遼東大困。已復脩貢不絕。久之。海西夷酋王台襲祖速黑忒職。款廣順關。而祝孔華遺孽逞加奴。仰加奴亦款鎮北關。因以南關北關別其號。南關忠順。特著建州夷酋王杲方躙撫順四十一年誘殺副總兵黑春深入遼陽隆慶五年冬我師大破建州夷汪住等馘斬近六百而杲益縱掠萬曆二年撫順遊擊裴承祖等被戮總兵李成梁身督師出搗斬級千一百有四來獻捷明年杲走匿王台寨因宣諭台及伊子虎兒罕執杲獻加台龍虎將軍進二子都督僉事秩遂磔杲益拓寬奠六堡七年建州夷酋王兀堂漸譸張八年連犯靉陽永奠諸堡我師追奔出塞二百餘里至鴨兒匱得級七百五十四兀堂爲氣

奪。而王杲遺孽阿台投仰加奴等脩郄南關且勾
虜窺孤山鐵嶺。十年。李成梁勒兵曹子谷大破之
明年。擣古勒寨。誅阿台。是時王台及虎兒罕相繼
歿。所遺猛骨孛羅及虎兒罕子歹商稗弱。仰加奴
雖台壻憤其父祝孔革死台叔王忠手。并奪　貢
勅。及季勒寨。與兄逞加奴。圍未嘗忘報復也。十一
年。以婚西虜。借恍惚太煖兎等騎可萬餘與歹商
搆。并攻猛骨孛羅。恣掠把吉諸寨。都御史李松宜
諭。不從。因密商總兵李成梁。伏兵中固城。擊殺逞

加奴仰加奴而逞加奴遺孽卜寨仰加奴遺孽那
林孛羅日夜圖報父連西虜以兒鄧侵掠歹商挾
索貢敕十五年那林孛羅引西虜萬餘騎急攻把
太寨而王台孽子康古陸向奔逞加奴得歸娶父
妾溫姐反攻歹商猛骨孛羅亦以母溫姐故協謀
我師往援執溫姐尋釋之囚康古陸胥命而猛骨
孛羅爲北關迫脅焚巢刼溫姐去十六年李成梁
從虜遠堡出搗卜寨那林孛羅請降總督侍郎顧
養謙議并釋康古陸刑牲盟聽兩關均敕釋憾會

建州夷酋奴兒哈赤與歹商約婚，亦頗藉爲輔車。而奴酋方斬叛夷克五十，乞陞賞，十七年，竟予都督秩，以此遂雄長諸夷。初，奴兒哈赤祖叫場，父塔失，並從征阿台，爲鄉導，死兵火。奴兒哈赤方幼，李成梁直雛視之。後稍蠶食張海色失諸酋，及與歹商爭張海，因約婚罷兵，且殲叛夷，慰祖父殉國狀，以都指揮驟躋崇階，與南關埒，心固已騰踔鴟張矣。而歹商酗酒好殺，衆不附。十九年，卜寨等陰令部夷賊商中道，南關止遺猛骨孛羅，則勢愈孤。又日與北關相搆怨。頃之。奴兒哈赤計殺卜寨。旋以保塞功。加龍虎將軍。職王台。潛有併海西意。而北關那林孛羅。與南關猛骨孛羅方酣于鬭。二十七年。猛骨孛羅不支。以子女質建州借兵。已因飛語激怒奴兒哈赤。反執猛酋寨中。明年。遂殺之。邊吏往詰。則以女許婚猛酋長子吾兒忽荅。二十九年。與那林孛羅補雙貢。而吾兒忽荅陽以撫養。旋羈建州寨。南關不絕如綫。北關夷酋那林孛羅白羊骨乃約婚西虜宰賽自託。奴兒哈赤益旁噛朝鮮。

及黑龍江上諸夷。三十三年。李成梁再出鎮。則議徙寬奠新疆民六萬餘入内地。弃新疆爲甌脱。明年。奴兒哈赤强勒清河沿邊參直。并爭入貢車價。三十六年。混南關勑項賞。明年。以萬騎築故寨。漸逼開原。御史熊廷弼請添募兵。兼撫北關。收宰賽煖兎。折其謀。頃之。奴兒哈赤願遵諭減車價。及還張其哈喇佃子侵地。而伊瑺江夷卜占吉急走北關。四十一年。藉逋瑺。與北關仇殺。盖墾南關曠土。糾西虜宰煖二十四營馳清河。始檄薊兵五千赴援而奴兒哈赤好語謝邊吏都御史張濤初至惑其謀更以拒婚老女并匿逋婚爲北關罪且許奴酋質子入關亡何奴兒哈赤已圍燒北關十九寨及我師應援隨撤兵以負婚懟明年復墾前罷耕地開原參議薛國用力主驅逐始退地定界兼滅貢夷四十三年白羊骨以老女許婚煖兎奴兒哈赤勒兵南關已竟寂然四十六年四月潛師突陷撫順總兵張承徹等馳援殁之因賚蕃書請和自稱建州國汗五月剋撫安三岔白家冲三堡起原

任都御史楊鎬以兵部侍郎經畧兼巡撫七月奴兒哈赤從鴉鶻關入剋清河唯參將賀世賢縱擊靉陽塞外得級百五十四而靉陽寬奠望風潰賜經畧劍一別以太常少卿周永春爲巡撫都御史九月奴兒哈赤再從撫順入會安堡時東方有白氣長竟天其占爲蚩尤旗十二月北關夷酋金台失報勦奴酋一寨特賜金幣風勵之四十七年二月經畧侍郎楊鎬以徵兵四集遂誓師遼陽分四路出塞進勦一軍從靖安堡趨開鐵一軍從撫

順開趨瀋陽，一軍從鴉鶻關趨清河。一軍從晾馬佃趨寬奠北關朝鮮。各佐鏡師而我主帥不一。兼先泄師期。三月朔，總兵杜松越五嶺關，前抵渾河，弃車營趨利。遇敵萬餘，乘半渡邀擊，遂大潰。松血戰歿。宅帥馬林師後期，踵敗。開原僉事潘宗顏等並歿之。總兵劉綎深入虬十餘寨，後三日，以墮賊詐，中覆。亦陣歿。而帥清河路者李如栢以撤回獨全。奴兒哈赤遂乘勝窺開鐵。圖搶金台失寨，傳檄朝鮮。僭號後金國汗，黃衣稱朕，意揚揚自恣也。六月。從靜安堡入。薄開原。北關爲出援兵二千。比至。城已被尅。羽書告急。

上始超擢前御史熊廷弼代鎬經畧。尋逮治鎬。而奴兒哈赤以七月從三岔堡入尅鐵嶺。鐵嶺開原。爲遼重蔽。既併陷賊。則河東已在賊握中。北關與遼聲息不屬。而奴酋乘勝縛宰賽。脅煖兎炒花爲助。廣布間諜內地。所在殘躝。目無堅城可爲遼左心寒矣。八月。經畧侍郎熊廷弼入遼。中軍令方懋撫北關爲犄角。奴兒哈赤佯攻遼瀋。綴我師。突引萬騎。連破金台失及白羊骨寨。北關益殘。廷弼乃決策守遼陽。引水為防。調李懷信代將。人心始定。奴兒哈赤因往開鐵運。聚窖粟以餉待饑。明年。給事中姚宗文閱邊。查訪北關部落。得金台失二女孫。一配虜酋腦毛大之孫桑河兒寨。一配虜酋虎墩兎憨特給四千金示優䘏。用縻其意。而南關酋止廣寧指揮王世忠。請實授遊擊。風諸夷。經畧熊廷弼以軍聲稍振。始議回守瀋陽。逼賊穴。奴兒哈赤乃益連西虜。討令虜哯河西。誘我師疲極。乘其

敵每聲言入犯第時引遊騎出沒至發僞榜招降
誘脅無狀廷弼奏激同仇滅賊併請恩賚將士同
甘苦會
上慨發餉金三十萬一軍盡讙知奴酋亡可翹足
待而是役調兵十八萬歲增餉三百二十四萬金
而羨海內大爲騷動始海西兩關互讐搆越四十
年自爲刀爼以歸于盡奴兒哈赤方袖手收漁人
之利而女直諸部落盡併建州遂忘其初仰我鼻
息欲引金轍安忍好兵甚矣夷之不度德也

論曰。語有云。爲虺弗摧。爲蛇若何。奴兒哈赤本一孤雛。驟假名號。及併南關。旁嚙邊吏不聲討。竟弃新疆益之。廣塹爭車。寖有欲炙之色。復狃甘言弛備。以及潰裂。抑已疎矣。然建州彈丸地。向虛口濊撫之羈。曾無廣屯厚餉。淸撫既下。不爲守。知非有遠志。我徵兵漸集。葺殘壘。爲三肆困之時。以輕騎擾彼耕穫。計可坐制狄命。而鋭語出塞。自取輿尸。搏虎于嵎。佐鬬于穴。幾若此而不斃者。凡兵莫神于閒。莫巧于顛倒饑飽勞逸以爲用。而我早漏師期深入重險弃輜重窖粟以資敵敵兼此數者勢始日張因并奪我三軍之膽膽破而智勇竝困遼瀋之不爲開鐵續幸也善師者皷之以膽而運之以畧敵銳能挫之敵驕能忍之轉敵之權而陰握其全勝不啻與端肅爭烈矣

海西

自開原東北轉而南、抵鴨綠江。凡委蛇八百餘里。皆女直薦居。女直於古為肅慎、後漢曰挹婁。元魏曰勿吉。隋唐曰靺鞨、至金開國益强。今稱女直、畧有三種、其極東曰野人女直。去塞遠。歲附海西市開原。不入貢。亦不寇邊。其一東方諸夷之為衛所甚衆。而建州領其名、并毛憐。曰建州女直。卽今奴兒哈赤之屬。其一曰海西女直、則開原南北兩關之夷。並故都督王台部也。永樂初、挹婁夷來歸。置塔山塔魯諸衛備外藩宣德四年海西女直始入寇寝勾建州剽掠正德間祝孔革等為亂阻朝貢至嘉靖初夷酋速黑忒捕殺叛夷猛克脩貢謹賜金帶大帽其後王台益强能得衆居開原東北貢市在廣順關地近南稱南關其逞加奴仰加奴居開原北　貢市在鎮北關地近北稱北關云開原孤懸扼遼肩背東建州西恍惚太二夷常謀窺中國而台介東西二夷間扞蔽令不得合最忠順因聽襲祖速黑忒右都督為之長東陲晏然耕

牧三十年。台有力焉。萬曆二年，西虜小黄台吉以五千騎晨壓海西新寨，請婚台女，許之，因約必無犯開原塞。明年，台縛送建州逆酋王杲，加勲晋二子都督秩。當是時，台所轄，東盡灰扒兀剌等江，南盡清河建州，北盡二奴，延袤幾千里，内屬保塞甚盛。蓋晚歲而北關二奴之釁興，始逞仰二奴父都督祝孔革，爲台叔王忠所戮，奪 貢勑并季勒寨及台以女娶仰加奴，卵翼之。已加奴等結婚西虜哈屯，慌忽太，潜爲嚮導，勢漸張，欺台老，日伺隙

脩怨。會台子虎兒罕好殘殺。部夷虎兒干自虎赤
先後叛歸加奴、因盡奪季勒諸寨。調兀剌江上夷
與虎兒罕搆兵。是後仰加奴等十三寨。止遺把吉
把太可五寨。屬台、宅如灰扒兀剌及建州夷各雲
翔不受、鈐東南關勢漸蹙。十年七月、台竟以憂憤
死。
上嘉台忠。特　賜諭祭、給綵幣四表裏。台有子四、
長虎兒罕、次三馬兎、次康古陸、次猛骨孛羅、而三
馬兎早歿。康古陸、台奸生子、爭分父業、爲虎兒罕

目攝亡抵逞加奴逞加奴以女妻之猛骨孛羅毋沮姐又北關二奴妹也而故西虜壻因與虎兒罕借兵黄台吉復季勒諸寨黄台吉陽助之寔陰收白虎赤等自益已虎兒罕殂則南關勢愈孤十一年七月逞加奴仰加奴與白虎赤益借西虜煖兎恍忽太等騎可萬餘躪猛骨孛羅并虎兒罕子歹商日尋於鬬時遼鎮巳勦王杲遺孽阿台總督侍郎周詠因念歹商弱猛骨孛羅嗣立衆未附請加勑便彈壓報可是歲十二月逞加奴仰加奴乘

永堅復糾虜攻猛骨孛羅大掠把吉諸寨巡撫都御史李松再宣諭二奴驕益挾請貢勅乃密與總兵李成梁計李將軍伏兵中固城去開原四十里都御史坐南樓上先期命叅將宿振武李寧等夾四隅伏因遣備禦霍九皋在諭約軍中日如虜入圏聽撫則張幟爲號綮甲勿起不者若聞砲即鼓行前如令亡何二奴擁精騎三千餘劄鎮北關請賞以三百騎前詣圏門頗横恣目白虎赤劍砍霍九皋中臂九皋反擊一虜墮馬餘虜攢殺我兵八十

餘於是軍中砲聲如雷伏盡起遂前斬逞加奴仰
加奴及白虎赤逞加奴子兀孫孛羅仰加奴子哈
兒哈麻殲焉共得級三百十一李將軍兵聞砲亦
繼至協攻獲級千二百五十二捷聞告 廟 賜
爵有差自是海西讋服台子孫息肩可數年而逞
加奴遺孽卜寨仰加奴遺孽那林孛羅日夜圖報
父遠西虜以見鄧侵掠部夷及歹商數入威遠靖
安堡而那林孛羅尤狂詩挾索 貢勑如二奴時
十五年四月那林孛羅引西虜恍忽太等萬餘騎

急攻把太寨。我兵往援。圍解。而是時王台孽子康古陸。向奔逞加奴者。乘虎兒罕殁。即來歸。已併妻其父妾溫姐。分海西業。與猛骨孛羅歹商鼎立。至是以讐虎兒罕故。甘心歹商。爲北關内應。其年六月。因約歹商叛夷阿台卜花。反攻歹商。鹵資畜。而猛骨孛羅以母溫姐故。亦助康古陸。奸收歹商妻。恊謀誘殺。開原兵備使王緘乃檄叅將李宗召。會遊擊黃應魁。勒兵。執溫姐康古陸。已念戮溫姐則猛酋携。釋之。止囚康古陸胥　命。而猛骨孛羅竟爲北關誘脅從那酋夾攻歹商因自焚其巢往十八寨并刼溫姐去巡撫都御史顧養謙御史許守恩奏華猛骨孛羅勲爵効緘玩寇釀亂上遣緹騎逮治奪職明年三月大將軍成梁決策進勦於十三日從威遠堡出塞申軍令無殺降卜寨棄其師入那林孛羅壁大將軍因縱兵直擣城下矢石雨激多殺傷發大砲擊中堅城盡裂中輒洞胸二酋始奪氣倒戈乞哀計斬級五百有奇釋二酋不誅班師還開原兵備使成遜用衆議請并

釋康古陸，存歹商，謂欲殲諸酋立商，則康酋溫姐首當誅，欲和諸酋存商，則康酋溫姐首當釋，叛而縛之，窮而釋之，爲均 勑分寨，給牛種，與北關建州共藩東北，便總督侍郎顧養謙亦謂歹商弱，多疑，卽殲諸酋立之，不能有其衆，不如釋康古陸，使和歹商諸酋見康酋釋，不復疑，而又畏我，因重歹商，歹商以諸酋立，而王台子孫皆全矣，康酋再死再生，德莫厚焉，刑莫威焉，且歹商許建州奴兒哈赤婚，內倚 中國，而外以姻重，寢北關謀，此實策陞長策。四月一日。遂釋康古陸因。諭之曰。中國立歹商以王台。因汝以助北關。侵歹商也。汝亦台子。終不忍殺。今釋汝。和諸酋。修汝父業。歹商安危。汝則任之。康古陸唯唯。因令歹商以叔事康酋。以祖母事溫姐。刑牲盟。且進卜寨那林孛羅使者。諭曰。往若効順。開原 闕廷並有賞。江上遠夷。以貂參之屬至。必藉爾通。若布帛米鹽農器。仰給漢。耕田圍獵。坐收木耳松子山澤之息。爲利大矣。今貢市絕而江夷道塞。藉兵恍忽太以守。虜以千騎盛

氣抵若。有德色。需索無藝。部吏多怨。我第傳檄部
卒。斬兩酋頭來。立爲長。可無煩兵誅也。漢今貰若
不誅。若何以報。遂爲均兩關勑。蓋自永樂來。給海
西屬夷勑。由都督至百戶。凡九百九十九道。按勑
驗馬入貢。兩關酋領之。眎強弱上下。先是逞仰二
奴父強。則北關多。及王台強。則南關多。多至七百
道。北關不能三之一。今無論強弱。與之平。南關以
五百。北關以四百九十九。差縮其一。存右南關意。
諸酋竝羅拜服。亡何康古陸死。感不殺恩。將瞑。屬

溫姐猛骨孛羅無負 國又亡何溫姐以乳瘡亦死兵備使成遜因令北關卜寨那林孛羅南關猛骨孛羅歹商面相結釋憾並請 貢而建州奴兒哈赤以姻歹商先入貢矣是後卜寨亦以女許歹商那林孛羅妻則歹商姊也而歹商酗酒好殺衆稍貳十九年正月往卜寨受室因過眎姊中塗那卜二酋陰令部夷攏思哈射商殪乃歸罪攏白二夷執攏夷以獻總督侍郎郝杰疏謂歹商與那卜有夙怨令射死中道情甚隱第難深求請梟攏夷

示法、歹商子騷台佳等。並幼。依外家。應加厚卹。所遺部夷幷勑百三十七道。暫屬猛酋。俟成立議給。猛酋請補雙貢。其那卜二酋。有償虜功。併請復都督。許之。自此以後。猛骨孛羅備貢唯謹。然南關勢孤。且益弱。而建州奴兒哈赤日益强。遂殺卜寨。陰有窺海西意。北關那林孛羅乃復糾虜數侵猛酋。二十七年五月。犬焚掠猛骨孛羅寨。猛酋不支。急以子女質建州奴兒哈赤借兵。那林孛羅恐。則布飛語、謂猛酋且執部夷以激怒奴酋。奴酋果怒。且必欲收漁人之利竟反執猛骨孛羅置寨中。盡奪其貲。明年四月。遂揑奸妾法賴。射殺之。因留猛骨孛羅妾松代速代。中朝宣諭。則願歸猛骨孛羅次子革把庫。及部夷百二十家。其猛骨孛羅長子吾兒忽荅。奴兒哈赤以女結婚。請於明年三月受室。送歸寨已竟如約。二十九年七月。奴兒哈赤於撫順關外。刑白馬。誓撫忽荅保塞。那林孛羅亦歸原擄勑六十道。請補進雙貢如故事。然是時南關所遺惟藐孤。已不啻奴酋几上肉。奴酋虎眎。實欲先併南關。以次及那林孛羅。白羊骨。盡海西諸夷地。居頃之。奴兒哈赤遂羈忽荅建州寨。聲爲那酋殺搶來奔。而那林孛羅亦詭言奴酋本逆杲裔。既殲猛酋。又虜其子。自是王台子孫不絕者如綫。南關委諸墟莽。而北關那自二酋。乃婚西虜宰賽犄角。三十六年。海建脩貢。奴兒哈赤混入南關敕三百六十三。部案驗。諭無兼并。時奴酋寖鴟張。日掠江夷朝鮮自封。且騁萬騎脩南關舊寨。逼開原。聲與 中朝爲難。開鐵震動。目中久無北關。而那林孛羅殺。金台失新立。奴酋眈眈。未嘗亡吞噬也。四十一年。正月。奴兒哈赤圖其壻江夷卜占台急。因率部落千餘走北關。金白二酋匿之。遂藉索逋相仇殺。當事計密令北關行間。間奴酋所併灰扒兀剌諸讐夷合從。以八攻一。倚　中國為奧援。乃可以逞。然竟不行。而奴兒哈赤益侵種南關界地。賄結西虜宰賽煖兎諸營。馳清河塞。廷議方徵兵薊。急救北關。頃之。宰賽失利罷兵。奴兒哈赤遽好語謝邊吏。遼鎮巡撫都御史張濤乃偵情形上封事。

稱北關近且開二纍。其一東酋求婚北酋老女。復行併猛卜計。北關堅拒不與。會東酋壻卜占台來奔。北酋即許婚老女。卜酋遜謝。爲別婚。東酋乃忿號。謂寔匿伊逋壻。其一金台失有女。爲兄那林孛羅收養。嫁宰賽。反目。項金酋故殺那酋妻。即宰酋之外母。宰酋乘隙。挾求老女贖罪。老女矢以死守。宰酋藉忿相攻。北酋乃歸怨奴酋之賄結。請釋二憾。無養癰東建也。時金台失白羊骨來告急。別將曹文煥爲潛盟。給以火器。奴兒哈赤計糜我援兵北關乃可圖則益遣干骨里怨不悖漢耕牧無敢淫於異日并願質子示信訟北關匿壻狀都御史濤以為然遣官藉大成往申諭奴酋隨奉質子入關爲請於　朝而奴兒哈赤虔我弛備卽嚴兵圍燒金白十九寨我援師不時發總督侍郎薛三才乃疏爭往遼失策棄南關不救一之謂甚北關再折入奴東方憂滋大已竟發援而都御史濤疏金白自召兵大畧謂北關有禿勒德等九月間亡入奴謬稱老女許嫁西虜奴酋聲欲前掠北關遽挑

開原先發。奴忿兵自此始。今還質子關外。示譙責。以東防爲名。移師鐵濬。諭奴撤兵。而兵撤矣。奴酋意在老女逋壻。而北關執之堅。以此仇搆未已。總之北關圖勦奴酋。覬利江夷。而開原袒北關趨利。并叅中軍揑報請選調宣大延浙兵。統以麻承恩。添註征東副協。與李効忠併力。先是西虜掠北關芻糧畧盡。苦薦饑。部落歸奴甚衆。奴又甘言撫慰。給以牛種。卽金台失從兄亦往投奴。我以火器手三百。助守老寨。并貸以豆穀千石。給鍋六百。北關始有圖志。四十二年正月。奴兒哈赤益勾西虜合兵。莊南。圖北關。而煖兎乘機挾老女。北關願與煖兎子締婚。當事諭姑留老女。繫兩酋心。是歲始發薊西春防兵二千。屯開原撫順。令廢將馬時楠羅拱極。統兵千人。駐鎮北堡。分防二寨。奴兒哈赤窺火器援兵大集。亦寢其計。且遵諭退所耕南關地四十三年五月。白羊骨竟以老女許婚煖兎子蟒谷兒大。且執建州夷六人。開原諭止。不聽。七月。遂成婚。奴兒哈赤發兵三千屯南關。氣甚惡。御史王雖量疏稱向救北關。恐藩籬一撤。奴酋與煖兎合。而遼不支。今奴煖爭婚。勢不驟合。而北關依強援於煖兎。適爲中國利。請設防遼陽以東。按甲不動。以覩奴酋進止。奴或不聽宣諭。我督北關。陰約煖兎。從南關入。大兵從清河撫順分道而東。兼以東山之民。張牙露爪。思甘心奴。利其貂參。順呼響應金白角之朝鮮。我兵犄之。奴亡可翹足待。已而奴兒哈赤罷攜北關獲全。四十六年。奴兒哈赤突侵撫順。王師敗績。已又連穿賽諜。剋清河堡。開金

台失潛襲乃止。奴兒哈赤旣數寇陷內地。北關亦
圖覬望紓禍。經畧侍郎楊鎬遣原任備禦劉源清
宣諭夾攻未決。而金台失所最暱夷婦爲指揮王
世忠姑。九月。御史陳王庭按開原。遣世忠入北關。
說以虎墩兎憨輩。且旦夕勦夷受賞。更以千金艷
之。金台失男得兒革台州遂勦剋奴酋一寨。冬十
一月。來告捷。
上特賜白金二千兩。綵段二十表裡。風諸夷。四十
七年三月。我師分四路進討奴兒哈赤。都司竇永

澄督北關協攻師至後期以二千衆赴三岔北則
我師已陷永澄死之奴兒哈赤陰遣諜斷遼船圖
搶金台失徉令部夷降并賚夷文糾合同仇北關
不應頗泄其謀御史陳王庭請　勅諭金酋連屯
開原境上奴犯開鐵徑襲奴寨以圖藩籬金台失
旋遣部夷報奴酋方築山寨頃之奴兒哈赤從開
原入犯北關爲出兵二千來援城已被尅時北關
新締婚虎墪兎憨藉爲輔車又頃之奴兒哈赤尅
鐵嶺開鐵既失則河東半爲奴據北關與遼越數

百里聲息不復屬乃遣夷使借屯開原內地秋八月新經畧侍郎熊廷弼入遼金白二酋遣夷使期復開原廷弼亦遣持厚賞報慰示必復意奴兒哈赤陰忌北關討先剪以去內顧二十一日聲攻遼藩徉綴我師突引數萬騎繞金台失寨各擁兕皮蔽矢石力攻自寅迄午金台失力盡自焚遂乘勝圍白羊骨寨應時火發請降被僇時煖炒虎墪各酋竝觀望不救經畧急檄總兵李如楨從撫順張疑兵解北關圍竟襲零級十餘枝梧北關盡沒矣

其後
上命給事中姚宗文閱遼。因訪金白部落。頗聞白
羊骨有弟卜兒漢。金台失有男得力革。覊奴酋寨。
而得力革二女，長速不他。娶虜酋腦毛大孫桑河
兒寨。次中根兒，娶虎墪兎憨。會虎酋挾賞。乃屬按
察使袁應泰遣諜虜營。并授畫副總兵姜弼。傳諭
腦毛大及憨同仇。特給二女四千金。示優卹。以縻
其意。科臣并請爲金白立廟。而前所遺指揮王世
忠。即南關裔。時隸廣寧。爲加銜遊擊。請陞實職。風

示外夷。初海西南關互仇搆越二十餘年。而南關子孫幾盡。南關盡而北關孤。始倚　中朝兼婚各虜。以完旦夕。葢又垂二十年。開鐵並陷。北關不支。以及于亡。

論曰。按海西南關王台最忠順。惜子孫無良。以閬墻引外寇自殲二奴。北關懟毒日深。遂快心于王台子若孫。自相屠剗。而奴酋抽手待其斃。甚矣海西之愚。奴酋之黠也。人爲肉而我覆爲俎。幾是哉。原海西畜邇開鐵。爲我屬夷。與東西二夷牙錯。勢

能離其合。近歲拯北關以藩遼。稱制奴上策。而竟
剪焉胥覆。爲開鐵續。誰職厲階。一蹶不振。悲夫。

建州

建州於東方夷部獨居中據要害東接毛憐野人黑龍江諸夷東南瀕鴨綠江距朝鮮東北維海西百十餘衛西北鄰兀良哈聯絡犄角其地阻萬山林木蔽天五嶺寬昌石門尤扼險騎不得成列犬抵女直諸夷竝忍詢好盜善射馳獵耐饑渴其戰鬬多步少騎建州尤負固解耕紐室居火食有華風自永樂內附迄嘉靖叛服不常隆慶辛未冬我師大破建夷汪住等馘斬近六百至

神廟初。復拓寬奠六堡。據東山要害。遼左捷書頻奏。項奴見哈赤日益横。守臣爲所食。夷運盛衰。與制馭得失。竝可見前事矣。今摘其著者次于篇。

王杲。建州右衛都指揮使也。生而黠慧。解番漢語言字義。尤通日者術。剽悍好亂。數盜邊。嘉靖三十六年十月。窺撫順。殺備禦彭文洙。益驁恣。歲掠東州惠安。一堵墻諸堡無虛月。四十一年五月。副總兵黑春搗杲巢。杲誘伏媳婦山。生得春。磔之。由是[illegible]殺漢官如莽。常深入遼陽。掠孤山。鹵撫順湯站。

前後戮指揮王國柱等甚衆。當事議絶貢市。加
剿尋請貸。杲不爲悛。怒馬踰遼塞。陽陽意得也。故
事撫順開市。備禦坐撫夷廳。酋長以次序立堂上
奉土産。乃驗馬。馬卽羸弱瘠敗。竝眎善馬價。屢欲
乃巳。杲尤睥睨。至輒奪蘖酒飲。飲醉箕踞詬詈。無
敢呵。隆慶壬申。備禦賈汝翌新蒞。抑酋長下堦。驗
馬肥壯。異它時。杲鞅鞅引去。椎牛約諸酋入塞鹵
畧。竟罷汝翌。居久之。爲萬曆二年。撫順遊擊裴承
祖攝備禦。秋七月。與酋來力紅索亡互郄。承祖將

三百餘騎詣力紅寨杲與力紅紿執承祖剖其腹併慘戮把總劉承奕百戶劉仲文於是巡撫都御史張學顏請絕杲 貢市總兵李成梁以十月誓師擣杲巢凡斬虜千一百四級來獻捷 詔進成梁左都督歷廕有差特遣兵部侍郎梁夢龍賚冏金二萬兩會撫按晏犒將士三年春杲藉忿復糾虜盜邊副總兵曹簠厚市夷賞諜杲匿酋阿哈納寨勒精騎馳剿得二十六級杲偽以蟒掛紅甲授哈納脫走將投土蠻會撫順關質市夷急購杲乃

走素所善東夷長王台所。開原兵備使賀溱宣諭台。台向忠順。遂與子虎兒罕執送境上。檻車傳致獻俘。詔磔杲。加台龍虎將軍秩。賜西虜二子並進都督僉事。始杲以數寇罷市賞。詭名科勺來貢。至是邊夷嚴杲勑十八道。中科勺卽杲也。杲既誅。其子阿台潛倚虎兒罕。朝議方懸購。而會逞加奴。仰加奴。欺王台老。與虎兒罕仇殺。阿台亦慫王台父子縛送其父。日夜伺隙報復。因叛投逞仰二奴。勾北虜。陰謀猾賊。數糾掠孤山鐵嶺。李將軍成梁乃勒兵出塞。別將秦得倚馳而北。李平胡馳而南。大破賊曹子谷。得級千三十九。併獲喜樂溫河衛指揮使銅印一顆。時十年九月二十二日也。巳阿台益糾虜大舉。於明年春正月。一從靜遠堡。一從上榆林堡。各深入。前至瀋陽城南渾河。李將軍馳徃虎皮驛援。虜稍卻。阿台方擁千餘騎縱掠撫順邊渾河口。徐引去。李將軍因與兵備使靖四方會議。此逆雖在者。遺禍未息。乃於二月朔二日勒兵。從撫順王剛台出塞百餘里。直擣古勒寨。寨陡峻。三面壁立壕塹甚設李將軍用火攻衝堅經兩晝夜射阿台殪而別將秦得倚等已前破阿海寨誅海海毛憐衛夷住牧莽子寨與阿台濟惡亦梟逆也是役得級二千二百二十二御史洪聲遠勘前後功次踰三千級擇日宣捷告　郊廟錄督臣周詠撫臣李松及成梁功各陞廕加成梁祿米歲百石杲子孫自是靡遺種東夷震懾遠去一蟊賊云初杲自謂精日者術度出亡未即死然旋至台寨就縛矣杲以屬夷殘戮邊吏至磔尸剖腹睿不畏漢法。自取誅夷。宜也。漢兵信有神。杲父子非明鑒與。同杲時。則有王兀堂。去靉陽二百五十里。爲王兀堂部。靉陽故市地。兀堂亦奉約唯謹。萬曆元年。兵部侍郎汪道昆閱邊。總兵李成梁請展築寬奠等六堡。其地北界王杲東隣兀堂。計在必爭。會杲就戮。兀堂亦訖無異志。方脩築十岔口寬奠堡。巡撫都御史張學顏按視兀堂等數十酋環跪。稱脩堡塞道。不得圍獵內地。願質子。所在易鹽布。都御史於工竣。疏請聽市寬奠。永奠。謂東夷唯易米布豬鹽。無馬匹它違禁物。與開原廣寧撫順異。卽以市稅量充撫賞。予之便。制曰可。自是開原而南。撫順清河靉陽寬奠並有市。諸夷亦利互易。無敢跳梁。當是時。東夷自撫順開原而北。屬海西。王台制之。自清河而南抵鴨綠江。屬建州者。兀堂亦制之。頗遵漢法。已漸零竊東州會安堡。七年秋。數掠新奠永奠寬奠諸堡。無慮數十輩。夷酋佟馬兒章金等三百餘人不入市。牧馬松子嶺。聲言各堡本住牧故境。不與貢者。候

秋深葉落馳塞也。亡何。以五十騎從林剛谷入。我
師追逐。獲二級。蓋先是七月。開市寬奠。叅將徐國
輔弟國臣及蒼頭軍劉佐等。減價强買。參。毆市夷
幾斃。以故諸夷忿欲脩郄。巡撫都御史周詠等請
按國輔如法。傳諭兀堂諸部。然是後諸夷絕跡
關市。兀堂與豪酋趙鎖羅骨亦妄覬貢路。有違言。
譸張遼塞矣。明年二月。連犯靉陽寬奠。已復入犯
永奠堡。我師郤敵追奔。出塞可二百餘里。至鴨兒
匱。得虜級七百五十四。捷聞。會

上春祀併叙紅土城功督臣梁夢龍撫臣周詠及大將軍成梁各陞賞如格成梁予世伯爵是歲十月兀堂復以千騎從林剛谷入副總兵姚大節追奔至葛祿寨獲六十七級爾後兀堂等並遂伏建州部益弱幾十年而奴兒哈赤雄開原塞下

奴兒哈赤佟姓故建州枝部也其祖叫塲父塔失並及於阿台之難乃走自雄東方漸北侵張海色失諸酋鹽食之會色失爲孽侄莽葦仇殺徙投奴酋搜戮無子遺張海等因奔海西南關都督歹商

當是時海西北關遺孽卜寨那林孛羅方連西虜以兒鄧等攻歹商急奴兒哈赤以歹商匿仇併連那卜二酋圖歹商　朝議諭歹商歸海約婚奴酋罷兵是後奴兒哈赤亦時時於撫順諸堡送所掠人口自結于漢君頃之有住坐木札河部夷克五十等掠柴河堡射追騎殺指揮劉斧走建州宣諭奴酋卽斬克五十以獻乞陞賞又因貢夷馬三非述祖父與圖王杲阿台有殉　國忠今復身率三十二酋保塞且鈐束建州毛憐等衛驗馬起貢請

得陞職長東夷時開原叅政成遜遼海叅政栗在
庭會查本夷原領勅二十道係都指揮伊祖父爲
鄉導勦王杲後並死兵火良然今奴兒哈赤屢還
漢人口且斬克五十有功得陞都督制東夷便總
督侍郎張國彥以聞　報可是時萬曆十七年九
月也奴兒哈赤既竊名號夸耀東夷則勢愈强後
三年倭陷朝鮮　中朝徵兵檄如雨貢夷馬三非
乃稱建州與朝鮮錯壤奴酋忠義控弦數萬可檄
征倭報効不果而奴兒哈赤方與那卜二酋搆會

那卜二酋殲歹商。則併許妻安明姐被搶。請剿。亦槃羅。然奴兒哈赤竟殪卜寨。旋以保塞功。二十三年。得加龍虎將軍秩。訴王台時矣。又明年。附貢夷奏。益盛稱總五十三酋捍虜勞苦。乞折賞。及援董狐狸例。懇蟒段。加賞五百兩。下部咨議。二十七年五月。那林孛羅窺南關勢益孤。急攻猛骨孛羅。猛酋不支。以子女質奴酋借兵。已詭聞猛酋執部夷。奴兒哈赤怒。反擒猛骨孛羅羈寨中。鹵其貲。明年四月。稱與妾法賴姦。殺之。遣吏往詰。則約還敕書部夷以女女猛骨孛羅長子吾兒忽荅刑白馬盟所不撫猛酋子如日二十九年八月及女送歸因與那林孛羅各補雙貢會禮部以海建貢夷驛騷議照朶顏三衛量裁員數定期減車奴酋弟速兒哈赤亦上言驛遞刁勒所賞襖袋濫惡願得折價也居久之奴兒哈赤仍羈吾兒忽荅建州寨陽以撫養爲名奏爲那酋搶殺來奔那林孛羅亦訐奴酋係王杲遺孽賺殺猛酋又擄其子乞諭還忽荅守靖安關廷議頗不得要領屬奴兒哈赤與海西

夷忽剌温約婚。侵朝鮮。屠潼關堡。朝鮮來告急。當
時。奴酋新併南關。勢張甚。益結西虜。嚂灰扒黑
龍江上諸夷。寛奠新疆居民。餘六萬口。逼奴酋穴
住。種參貂市易漸夥。李成梁再出鎮。乃委原任參
將韓宗功徙還故土。弃新疆爲甌脫。復因奴速二
酋先後請金繒。即於遼陽清河諸沿邊田土。攤派
給賞。維時三十三年。總督侍郎蹇達。巡撫都御史
趙楫。遼海布政使張中鴻及成梁等。以招回華人
叙功。并　賜及奴酋金。而奴兒哈赤得賞。志益驕。

明年八月。沿清河邊。强裁參價索償已。復爭入貢車價。語狂悖。邊吏始倉皇請增兵。而朝鮮亦報奴酋席卷江上。并吞及海夷。卜台吉爲所敗。且假道刼回波部落。兵科都給事中宋一韓乃以弃地啗虜。參成梁撫矣。三十六年。海建脩貢。禮部議吾兒忽荅羈建州。冐勑頂賞。宜折其謀。奴兒哈赤曰治兵。聲畧北關。三十七年五月。遣子莽骨大以萬騎脅南關寨。已又勒七千騎。聲圍獵。入靖安堡。闖金台失有備去。已又勒五千騎。往撫順關。脅蟒段牛酒。已又勾西虜宰賽煖兎等。窺開原遼陽邊吏日夜告急。御史熊廷弼拔部。請添募兵萬。及改三協。發寺馬。厲鎧甲。急撫北關。且收宰煖以携其交。頃之。奴兒哈赤請遵諭。減車價入貢。及還張其哈喇佃子。張其哈喇佃子。卽前諧成棄地也。御史熊廷弼疏稱其地止一山溝。不可堡而守。舊鴉鶻關。與横江地未歸。奴故以一峽了弃地之局。奴酋貪我市賞。本急於貢。我急之。奴故益驕。輒挾盟豎碑。全勒車價邀我。年來壯我軍實。緩听貢。而奴故益急此。馭奴大機。為今計。宜合北關。縻西虜。因招致江上。而南關灰叭諸夷來奔者。寵以名銜。置近地。以號召遺衆。剪其羽翼。潰其腹心。而我又簡戎蒐伍。嚴為備。奴且在吾握中。科議則請釋建州為外懼。姑置侵地。先許貢。敉寧東方。三十九年六月。部覆如科臣言。

上幸報許。已奴酋忌其弟速兒哈赤兵强。計殺之。復耀兵侵兀喇諸酋。而江夷卜台吉竟驅投北關。其婿也。因與北關金台失。白羊骨二酋修怨。四十一年三月。盇壑南關贖土圖窺併斜西虜宰。煖卜兒亥。爪兒兎。二十四營盡甲。馳清河闌遼告急。徵薊兵五千赴援。并禁糴及參貂珠寶。而奴兒哈赤已好語謝都御史張濤。謂撫安等匝。毗牧日久。請奉約。新壑槊罷。濤摛情形上書。謂奴酋止以北關歷遭婿掠。忿。又因拒婚老女。不無少望。別將曹文煥潛盟金白。私給火器。徒張皇。今奴酋遣使干骨里顧枉。毗牧新添者盡撤。請質子。示無敢鯁

中朝。巳又上書。奴酋遵諭。以第七子巴卜海入撫順

關顧留質廣寧或 京師譯巴卜海乃奴酋親子
妾眞奇生親巴卜太弟也謹聽 朝議進止其北
關匿奴婿卜台吉勑發完聚當永紓遼患時濤疏
方修東夷入質爲贖古盛事奴兒哈赤信不背漢
未幾總督侍郎薛三才御史張五典且連疏請救
北關質子故在焚劫巳及北寨矣先是 中朝因
遼左孤危發帑金三十萬議于開原遼陽各募騎
兵五千策應巳因鈌餉汰額總督薛三才請先募
二千餘令原任總兵麻承恩叅將曹文煥分統合

四千爲一營、屯開原諸堡。待其變、頃之。御史翟鳳翀新入遼、疏稱奴酋意不在婿與女。特借負匿兩字爲北關罪、似不必逢奴酋不注意之兩事。強北關以必從、以 天朝作外夷撮合。名汚而體褻、前遣通官入。奴謗語。以部夷狐衣充賞、輕我已甚。長子洪把兎兒一語罷兵隨奪其兵柄。因之獄、度北關勢必不支。今日宜急救以完開原。請令麻承恩以二千七百駐瀋陽、而別遣宅將以千人駐清河撫順。直逼奴巢。以壯聲援。便。

上報可時奴兒哈赤巳撤兵十二月以五百騎詣撫順懇負婚明無它意四十二年正月益勾西虜圖北關奴酋狙詐自喜陰陽翕忽毎發兵以圍獵爲名不知所向流聞不賁蜂蠆以備糗糧幾五六歲志不在小議者率爲寒心而都御史濤終謂風聞多妄濤之言曰北關開原本豔東夷參貂東珠之利誘匿卜酋成騎虎勢奴酋富殖遂人久爲所用我師未出彼防巳預此未可虛聲喝我奈何以極疲之兵極匱之餉爲北關守老女遣婿且北酋

爲我守二十餘里之邊東奴爲我守九百餘里之邊東奴心失又增遼陽九百餘里之邊患是爲無策御史董定策謂濤誤中通官藉大成之魔以質子爲奴所輕聊以解嘲廷議多右聲救者三月奴兒哈赤復墾前罷耕地開原叅議薛國用力主驅逐會巡撫都御史郭光復新涖任薊門援兵及鬥金至者道相望奴聞震恐都御史康郊通夷佟養性把其重罪令徉入奴反間遺備禦蕭伯芝申以文告五月隨統標兵赴遼陽巡閱示虛聲奴兒哈

赤遂遵諭退地定界。始猛骨孛羅遺南關邊外四堡。曰三岔。曰撫安。曰柴河。曰靖安。及奴兒哈赤爭墾。執三岔撫安爲舊種。止結退柴河靖安。于秋穫。至是參議薛國用備查南關界土。王台存日。自咸遠至三岔堡。後猛酋時。三岔入于奴。以撫安堡爲界。及猛酋故。並歸建州。奴結巳屬含糊。且察兩關地素饒沃。而建州高下不等。苦澇旱薄收。頃生齒日繁。計必墾南關自給。揭稱我制奴正在此。奴雖强而糧不繼。勢不得不取給清撫之糴。我以清撫

制奴之命。而開原亦可安枕。今日疆界。請無枝梧
結局。因與鐵嶺遊擊梁汝貴等查勘。將前四堡及
白家衝松子二堡。共立碑六。白家松子二堡臨邊
向係高山未墾故也。都御史執白家衝非原題。并
撫安非奉　旨驅逐地。且私立無以服夷。行暫撤。
國用抗議。撫安要害。咫尺鐵嶺。斷不宜失。會御史
翟鳳翀巡清河。語夷使照界鐫碑。姑給柴河秋穫。
遂將六堡俱退。大書番字碑陰。自明年永不敢越
種。七月。部夷盜毀陽馬。奴兒哈赤即戮碑下。示恭

謹。是歲貢夷減至十六人。蓋奴酋多慾好名類此。都御史疏報退地。請將撫順備禦改遊擊。與清河遊擊。分統兵各千人。奴酋一攻北關。即會遼陽出搗。鎮北堡距北關六十里。以清河備禦移駐。原委廢將羅拱極撤回。以馬時楠專住本堡練習火器。御史翟鳳翀亦疏稱奴所最貪清撫之市。而所最畏清撫兩處之搗巢。部覆從其議。四十三年。白羊骨竟許婚煖兎。遣諭不聽。都御史郭光復謂由在北關。我不能禁北關之嫁。又安能禁奴酋之攻北關自恃力可抗衡而又繫援煖兎吾且聽三酋穴中一鬭按甲以收刺虎之功因令中協李繼功以一軍屯清撫東協楊德澤援遼瀋承恩以一軍屯鎮北總兵王構以大營駐瀋陽調度奴兒哈赤亦訖無變動四十四年六月清河私出松山採木爲奴部殺掠御史王雅量叅遊擊馮有功戴罪以需後効四十六年四月奴兒哈赤徉令部夷赴撫順市潛以勁兵踵襲十五日凌晨突執遊擊李永芳城遂陷因以漢字傳檄清河脅併北關巡撫都御

史李維翰趣總兵張承徹移師應援二十一日奴兒哈赤暫退誘我師前以萬騎廻繞夾攻承徹及副總兵頗廷相遊擊梁汝貴死之全軍覆沒而宰煖各營方集遼河西岸虎墪傳調哃喝粆花亦屯鎮靜邊外虜東西颺動會 正陽門外河水三里餘赤如濆血京師震恐
上特起廢將李如栢總遼鎮兵及徵廢將杜松屯山海關劉綎柴國柱等赴京調度時楊鎬以遼舊撫推兵部侍郎 命以新銜往經畧 詔總督薊

遼侍郎汪可受先出關順天撫臣移鎮山海保定撫臣移鎮易州以便控禦皆創例也遼報不至凡三晝夜開原以西虜窺瀋懿請救廷議懇發帑金奏餉百萬大興問罪之師

上諭內帑無措止括十萬金佐軍興頃之諜稱奴兒哈赤退舍三十里虜二萬餘入瀋陽　詔斬奴酋首予千金世職總督汪可受疏稱夷虜更番疲我征調未集請練土著人自爲守遼產諸生暫停試各倡義旅有功得破格賜科名并亟遏登萊海

運濟餉。尋以虜儆。薊保撫臣罷移鎮。本兵引征倭
征播例。調兵十萬。度需餉三百萬。而帑金竟不時
發。聞四月奴兒哈赤歸漢人張儒紳等。賫夷文請
和。自稱建州國汗。備述惱恨七宗。大畧以護北關
嫁老女。及三岔柴河退墾爲辭。蓋張儒紳等。係東
廠差役。奴酋藉以間
帝虗謀最秘。會廣寧民婦生一猴。二角四齒。開原
殷家庄堡桅杆起火。御史李徵儀謂遼必以剿之
規模爲守。以守之餘力爲剿。乃爲完算。請速治遼

撫臣李維翰。五月十九日。奴兒哈赤統衆。犯撫安
三岔。白家沖。三堡。經畧楊鎬兼程受事。以二十一
日抵山海關。得犯堡報。疏請就近徵調。
上罷維翰。令鎬兼攝巡撫。增設標營遊擊。本兵請
發餉二十萬。解赴各鎮催調。宜大山西三鎮。以四
萬金。徵兵萬人。延寧甘固四鎮。以八萬金。徵兵六
千。
上可其奏。諭總兵杜松劉綎等。星馳出關。并摘
調薊鎮臺兵。給冏金六萬兩。市戰馬。以餱命御史

陳王庭代楊一桂按遼巡撫李維翰失城喪師得
華職爲民偵者傾云奴酋八子毎登山谷謀兵至
如風雨建州馬夏月喜啖河旁柳葉兼與宰犪合
衆近十萬北關惴惴不免朝鮮已諳秦晉且督匠
造船烏龍江李永芳亦降奴締婣 命借大工馬
價各五十萬兩濟遼餉項之西虜乃蠻炒花等進
犯長勇堡七月 賜死事總兵張承徿諡加祭二
壇予立祠名旌忠奴兒哈赤從鴉鶻關入二十二
日晨圍清河叅將鄒儲賢拒守援遼遊擊張旆請

戰。不從。賊冒板挖墻。自寅至未。墮東北角。因積屍
上城。旆戰死。儲賢遥見叛人李永芳招脅。大罵赴
敵。亦死之。時城中擁兵六千四百餘。唯束手待斃。
爲賊殺掠萬計。自三岔至孤山。并遭焚燬。唯叅將
賀世賢於靉陽邊外縱擊。得級百五十四。
上特賜經畧楊鎬劍一。并 諭飭諸邊。經畧聞儆。
單騎赴河東。靉陽寬奠衆望風逋。乃斬千總陳大
道等以徇。議徙寬奠子女于遼陽。會朝鮮遣議政
府右叅贊姜弘立等。統萬兵。請勅從征。并乞硝黃。

許之。加李光榮總兵銜。移廣寧。八月。增設遼東廵撫。以太常少卿周永春往。及設援遼餉司。九月。逮援遼總兵麻承恩詔獄。以觀望失援淸河也。奴兒哈赤復從撫順入。總兵李如栢以朔三日馳瀋陽。遇賊數千騎。拒却之。斬級七十六。乃蠻寺受款。虜漸解散。二十五日。奴兒哈赤從撫順入會安堡。殺掠千餘。時東方有白氣。長竟天。其占爲彗。及蚩尤旗。象主兵。而星隕地震。報相踵。冬。十二月。北關夷酋金台失以男得兒革台州勦奴酋一寨來告。

賜白金二千兩。綵段二十表裏。風厲之。是月。海州遥見白虹貫日。如日。並出者三。白氣直罩城上。四十七年。正月我師徵調雲集

上以經畧奏報久稽。恐師老財匱。　諭兵部馳議方畧仍酌賞格頒示。大學士方從哲亦移書促師期。經畧楊鎬遂決策。以二月十一日。誓師遼陽。凡分四路。馬將軍林率遊擊麻岩丁碧等。從靖安堡出邊。趨開鐵。及都司竇永澄。督北關之衆。攻其北杜將軍松率都司劉遇節等。從撫順關出邊。趨瀋

陽。攻其西。李將軍如栢率參將賀世賢李懷忠等。從鴉鶻關出邊。趨清河。攻其南。劉將軍綎率都司祖天定等。從晾馬佃出邊。趨寬奠。及都司喬一琦督朝鮮之衆。攻其東。計勝兵可十萬。而瀋陽路最衝。以保定總兵王宣。原任總兵趙夢麟。並隸戲下。更令原任總兵官秉忠駐遼陽。總兵李光榮駐廣寧。誓巳。梟撫順陣逃指揮白雲龍殉衆。期廿一日。先後出師。

上特簡山東巡撫李長庚以戶部侍郎督遼餉。會

十八日夜司天占火星逆行二十日京師風霾晝晦黃塵四塞有項赤光射人如血西長安坊樓爲折其占四夷來侵
上傳諭慰厲東征將士兼飭諸邊備三月朔杜將軍松晨越五嶺關前抵渾河弃車營趨利半渡賊萬餘忽遮擊衝我師爲二松血戰突圍自午至酉力竭師殲馬馬將軍林攺由三岔出塞翌日方抵二道關遇賊乘勝來攻亦敗績開原僉事潘宗顔及竇永澄麻岩死之劉將軍綎獨縱兵馬家寨口

深入三百餘里。剋十餘寨。朔四日。賊詭漢卒裝誘
墮重圍。夾攻。衆遂潰。綖及軍鋒劉招孫等並陣殁。
唯清河一路。以經畧令箭撤回。獲全。先是綖出師
日。五星鬭於東方。松垂發牙旗折爲二。又大清堡
軍庫災。火器盡燬。白氣竟天三匝。而師多烏合。深
入虎穴。識者預知爲敗徵云。報至。舉朝氣索。
上令總督汪可受移駐山海關。以虎墪乘機挾賞。
申飭薊昌防禦。召陝西總督楊應聘。甘肅巡撫祁
光宗。爲兵部左右侍郎。起前御史劉國縉。以職方

主事充贊畫前御史熊廷弼以大理丞馳渡遼宣慰軍民兵部尚書黃嘉善率九卿科道叩　文華門請發　內帑特允給四十萬兩募戰士廷議頗謂李如栢衰懦不堪登壇是役逗遛獨全疑有謬巧巡撫都御史周永春請都督李如楨代將　詔廷臣會議給事中李奇珍獨謂李氏跋扈如楨以弟代兄出土人擁戴恐爲唐季藩鎮之漸

上竟遣如楨往撤如栢候勘　諭經畧楊鎬戴罪眎事趣宣鎮總兵劉孔胤就近出關應援當是時

宰㥑諸酋並甘奴賄。㥑兎方沿河駐牧。奴兒哈赤詐令部夷降金台失稱損衆萬餘。叛人李永芳遣奸細探三岔。砍聯船陰圖金酋寨。頃之奴兒哈赤以零騎窺瀋陽清河等堡。而金台失以奴酋男貴英把兎陣殁來告。初我師之出。朝鮮國王願親提兵三萬合勦。已竟令他將引萬衆從劉將軍先登遇覆盡殪。而北關於朔三日。方以二千衆赴三岔北。則三帥已陷。御史陳王庭請獎卹朝鮮。　諭以一旅屯沿江。塞奴酋攻寬奠鎮江路。并勑北關連

屯開原。俟奴犯開鐵。卽襲老寨。無爲所給。大學士

方從哲疏藉遼民爲兵。并捐俸濟餉。御史楊崔因

上遣中使薦陣亡將士。請卹故帥劉綎家屬。及塑

死事諸臣。廟食京師。以倡忠義。時自四月望後。宣

武門外嚮闡。至東玉河。水盡赤。　正陽門尤甚。協

理戎政尚書薛三才。總督忻城伯趙世新。相繼劾。

人人自危。虎墩兎憨擁衆數萬臨廣寧邊。旋去。宣

鎮營兵鼓噪。不赴調。　詔逮治總兵劉孔胤。　賜

勑褒恤朝鮮。并令經畧宣諭北關。而奴兒哈赤已

於月之九日。縱掠鐵嶺柴河撫安等堡頃之。河東諜稱奴酋部夷可萬餘。於撫順關外築城脩寨。并添清河路堋壕。五月二十九日。深入撫順。更以偏師躙鐵嶺撫安堡而新帥李如楨方與經略總督爭抗。熊廷弼以新推胥後命。蓋自敗書初聞。中外倉皇匝月。爾後舉朝轉弛。

上亦稍復寢格矣。朝鮮万咨報奴酋移書聲嚇。僭號後金國汗。建元天命。斥 中國為南朝。黃衣稱朕。意甚恣。六月十五夜。奴兒哈赤擁數萬騎從靜安堡入。乘虛直薄開原。總兵馬林等方引衆出防。且倚宰賽新盟。孤城立下。西虜適市慶雲堡。亦結聚亮子河。十九日。以三萬衆圍鎮西堡。潘鐵奔潰。

上乃超擢熊廷弼僉都御史。兼兵部侍郎。代楊鎬經畧。并從本兵議。遣司屬招兵陝浙河南山東。廷弼疏請決策恢復開原。

上賜劍。令刻期從事。起泰寧侯陳良弼總督京營。召南兵部尚書黃克纘協理戎政。廷弼單騎就道。司業張鼐疏請京營簡選鋒三千。壯其行竟不從

從臾差御史張銓按遼。而大司馬及職方。且以人
言引疾也。時遼陽獲奸細數輩。或謂開原被攻時
北關先期密報。及寇至。出兵二千來援。而開原已
失宜 賜勑撫慰。且北關與虎酋新締婚。可藉聯
屬。奴酋奸細。在兩河甚夥。可即用爲間。而司農以
軍餉無措。且開欵令郡邑捐助。有識哂之。七月。粆
花攻剋十方寺堡。奴兒哈赤聲窺鐵嶺。
上允省稅暫充遼餉。左贊善徐光啟願使朝鮮宣
諭應援。有 旨留用。遣給事中姚宗文查閱援遼

兵馬。二十五日。奴兒哈赤從三岔堡入攻鐵嶺從寅及辰。城陷。葢自開原既剋。瀋鐵逃竄一空。奴酋最工間諜。所在內應。而我偵備甚疎。聞敵膽落。開原一帶堅城。應時立破。良可嘆也。經畧熊廷弼時携兵八百。甫抵廣寧。聞西虜自鎮西堡合侵。勢甚急。會二十八日。我師禦之熊官兒屯。以捷聞。八月二日。廷弼受代。翌日入遼陽。斬陣逃遊擊劉遇節等。正軍法。設壇躬祭撫清開鐵死事軍民。慰勞備至。且諭北關必復意。人心始定。

上度新經畧已受事十三日遣緹騎逮治楊鎬御史陳王庭疏糾總兵李如楨謂宰賽因奴酋陷鐵嶺引兵爭鬬被執如楨竟襲西虜殘級爲首功經畧熊廷弼亦摘如楨十不堪謂賊陷開原淫酗擁載不能遮擊陷鐵嶺與西虜爭殺不能乘其敝更虛報西虜三萬合營致遼瀋驚竄願急調李懷信代將北關且報奴酋計搗遼陽盡戮朝鮮降卒防內變二十一日奴兒哈赤徉綴我師擁衆數萬騎直抵金台失寨自寅訖午旋陷隨攻白羊骨寨應

時火發。北關相繼淪覆矣。
上聞報。命李懷信刻期赴遼會經畧獲奸細賈
朝輔。悉賊攻北關及遼瀋本謀。朝輔。故撫順諸生
也。奴兒哈赤連破開鐵。則兵益强。生擒宰賽。鈐制
煖兎炒花數十營。不敢動。取北關如拉朽。睨遼瀋
直几上肉耳。
上以遼數告急。超擢贊善徐光啟。以少詹事兼河
南道御史。專練京兵。子總督汪可受回藉。經畧熊
廷弼疏稱遼瀋勢難兩全。瀋陽空城難守。不如還

守遼陽。厚集兵力。
上諭酌量緩急。務保孤城。遏其深入。巡撫周永春
以奴酋挾宰賽爲質。且連煖兎諸營。持諭帖激粆
花虎憨。啖以利。及鼓舞朝鮮。優恤將士。疏請帑金
二百萬。
上允部議。釋罪弁郭有光劉孔胤麻承恩。各納馬
贖罪。往援遼。初諸邊將領。多扣空月餉自肥。遼左
爲甚。經畧特斬遊擊陳倫軍中。日有貪淫如倫法
無赦。一軍皆悚。因决策。還守遼陽。挑壕築垣。借水

爲防巡撫周永春請添兵鎮江守朝鮮貢道佐聲援而少詹事徐光啟以事多肘掣疏請上裁不報十月二日雷震廣寧諜稱奴酋方遣奸細詭女裝謀焚海州糧草約日截運餉會遼左大雪多凍餓經畧檄總兵柴國柱等屯虎皮驛各路聯絡扼賊衝以糧匱請撤回遼陽就食詳是役調兵十八萬歲增餉可三百二十四萬金而羨節陸運車餘三萬七千輛用牛七萬四千頭費頗不貲十一月奴兒哈赤擁衆入龍潭口且徃開鐵馱運

稽粟。二十一日。巳刻日生暈兩耳。及背氣二道。芒
色甚異。司天失占。而諜稱奴酋築城撫順邊外。方
令黃把兎等謀入犯。朝鮮亦報奴酋堅守牛毛寨
萬遮嶺。廣造攻具。結連蒙古煖炒虎墪諸酋。東西
分搶。已又聲犯寬奠。鎮江告急。四十八年正月。遼
鎮新兵全伍脫逃。奴兒哈赤多遣奸細潛伺內境
市夷數報伯要兒炒花等。與奴酋歃血。約虜從三
岔河迤東截漕船。奴酋從清撫犯遼陽。遊騎徃來
撫順間。三月十七日。遼陽火藥局忽被焚。闔城驚

擾本兵得報張皇分布京師防守會二十一日暴風揚砂僉謂兵占已而奴酋竟寂然四月諜稱奴酋潛犯海蓋且誘總兵賀世賢往援急攻遼陽紗花詐稱奴酋死以懈我師運鎧甲赴遼河

上以巡撫周永春疏諭添兵廣寧已又諜稱奴酋糾伯要兒歹青等營入犯及收江夷爲用窺海道經畧以兵力稍集主守瀋陽漸逼賊巢奴兒哈赤未敢深入佯誘虜睨河西徐圖乘懈釋宰賽往會兵遣酋子同叛人李永芳時引輕騎出沒王發僞

榜招降，詬侮無狀。經畧秘錄轉聞，激濶部同仇，兼
請恩賚將士。前此議改贊畫爲監軍，并添設金復
道，及是始得　旨。刻期赴遼。六月十二日，奴兒哈
赤乘經畧閱邊，離遼陽，以萬騎由撫順關，萬騎由
東州堡入，深至渾河，總兵賀世賢、柴國柱設防瀋
陽，却之。
上特發餉金三十萬兩，關陝永保援兵踵遁，嚴檄
招撫。亡何，
宮車晏駕矣。奴兒哈赤本以孤雛，久蒙卵翼，一旦

狠天作仇殲滅自不旋踵而坐兵餉不繼久稽天誅虜功有待後人是可恨也

論曰方奴酋長驅開鐵兵不血刃即蚩尤用兵無以過而竟徘徊歲餘不敢越遼瀋尺步何哉凡兵以氣勝始吾敗軍之餘不可復鼓奴酋得折箠立下及氣久漸定兵食稍集戰不足而守有餘惟養吾全力而操縱於饑飽勞佚蹙之以漸計彼銳易折而驕亦可乘蕞爾一隅自將坐困而無奈戰守茫無成畫也戰而失則以不能守爲戰罪守而壓

保無失。則又以不能戰爲守罪。千人與瓢。可若何。語亦有云。誰爲手打賊者。令策奴酋。無以戶打賊。則善矣。

余嘗按奴酋前後事臆曰。奴酋本以孤雛崛起東方。其人固梟鷙。善用兵。然方侵反商時。羽翼未就。諸夷未甚附也。初斬一叛夷獻。功甚微。而遽爵都督。先爲之極。令奴得借以制東夷。日長炎炎。求加秩。則加秩。求金繒。則金繒。夫奴何厭之有。海西貳。則藉北關之釁。以圖南關。南關盡。

則鼓西夷之焰。以圖北關。誣那酋。則以搶妻。誣猛酋。則以奸妾。撫順血誓未乾。而忽荅巳覊建州矣。今日索參價。明日挾車價。朝而弄戈。夕而輸欵。順則弃地可還。親子可質。畊牧可撤。逆則逋婿必爭。老女必索。焚刧必逞。必使其出言如轉環。用兵如刺蜚。近世諸夷。有狡於奴酋者乎。奴據地險。又利盡東夷。華人多爲彼中翕。撫臣濤謂習遼則然矣。顧遼今日不自强。而徒望不可知之夷。守九百五十里之塞。有如北關併噬。

開鐵且虜震隣又安望奴保塞如今日也考奴地自吞王兀堂南隣毀陽寬奠自殲阿台北隣撫順清河自嚙猛骨孛羅北隣開鐵與遼壤地繡錯計今乍吐乍吞未敢訟言與遼爲難尚以北關塞其前朝鮮擬其後遼當胸脇或犄或角勢未十全耳北關一折而入奴禍中于遼豈俟智者決哉余憶己酉遼日告急加兵兊馬皇皇奴侵噬在漏刻已以歸地減車衛幸無事數歲癸丑遼再告急周章如[illegible]何撤哨歸質且以

潛盟罕路將矣。我緩而奴故急。我急而奴故緩。我徙奴緩亦緩。奴急亦急。幾若此而不爲奴酋訕笑。弃地即未可問。而徼邊地以輸奴速。五百三百。以建州併南關勅三百六十七道。予之何名也。知緩急之權者。乃可馭奴。則前後在事諸疏。可著廊廟矣此藏在乙卯臘語也今局稍異因并綴焉

遼地負山枕海。我　朝經制爲詳。北隣朔漠。而遼
海三十萬。瀋陽鐵嶺四衛。繞於開原。足遏其衝。南枕
滄溟。而金復海蓋旅順相屬海濱。足嚴守望。東西
倚鴨綠長城爲固。而廣寧遼陽。各屯重兵以鎮壓
之。復以錦義寧遠前屯五衛。西翼廣寧。增遼陽東
山諸堡。以扼東建。烽堠星聯。首發尾應。易稱守險
備矣。始遼陽廣寧開原鼎峙。稱三大鎮。今開原淪
於夷。震鄰剝膚。憂未艾也。

開原道屬。三衛一州。乃古肅愼國西南境。戰國時。爲濊貊地。漢爲夫餘國。屬玄菟郡。

開原城。卽遼黃龍府舊城。在遼陽城北三百三十里。

鐵嶺城。卽遼銀州舊城。南至遼陽城二百六十里。

廣寧遼陽。相距三百五十里。河東土腴人稠。爲全遼根本。故國初建都司于遼陽。

混同江。北流過灰扒夷地。則名灰扒江。過兀剌夷地。則名兀剌江。又北至海西。屈而東入于海。遁名烏龍江。

長白山。在開原城東南四百里。其巔有潭。流水下成湖陂。湖中出東珠。今其地爲建酋奴兒哈赤所有。故建酋日以富强。

金州旅順關口。南達登州新河水關岸。徑五百五十里。水程適中海島。名羊堝。兩日內。風力順可到。先一日辰時。自登州新河發航。至晚抵旅順泊岸。次日辰時。自旅順發航。至晚北抵三汊河泊岸。蓋自旅順口起。抵海中羊堝黃城二島。約三百里。自黄城南抵欽島鼉磯島。約三十里。欽鼉島抵井島。約七十里。井島抵沙門等島。一百三十里。沙門島抵新河水關。僅二十里。總括其數。亦五百五十里。各島相接如驛。

渤海疆域考

渤海疆域考

二卷

〔朝鮮〕徐相雨 輯

清同治二年南林劉氏求恕齋刻《求恕齋叢書》本

渤海疆域攷

癸亥四月

鍾羲

南林劉氏求恕齋刊

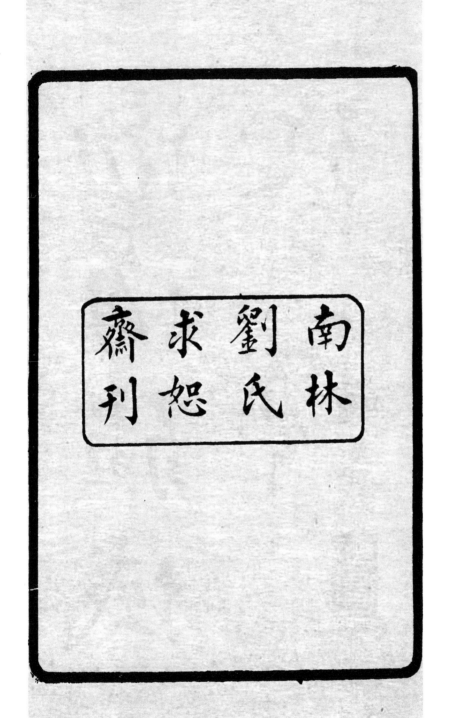

渤海疆域考序

渤海古肅愼氏之墟舍利氏建國於唐初大盛於開元天寶間西自今開原縣東盡於海北抵黑龍江南則奄有高麗咸鏡平安二道皆其舊封置五京十四府六十六州一郡一寨百三十八縣幅員方五千里洋洋乎表海之雄封也後翦於契丹遷其州縣寄治遼東遼史遂以遼東之土壤冒渤海之舊稱舍利氏之故封因失其眞朝鮮徐相雨輯渤海疆域考兩卷上卷據唐書以明渤海京府皆在今甯古塔烏喇及高麗北界而遼東故地不入於疆理下卷歷舉遼志之疏舛旁搜地記以證

明其說頗見翔實山川能說亦彼方之健者矣曩刻李賓唐元素大令所纂渤海國志其地理一門亦不以遼志爲信頗足與此書相印合此書謂今之海城縣實遼之南海軍而非渤海之南海府今之承德縣實遼之瀋州而非渤海定理府之瀋州又可與唐著互參黃巖楊定敷給諫知余已刻唐著渤海國志以此書相貽謂從順德李文誠公處借鈔得之因寫校付梓坿於唐著之後庶渤海疆域遷移之跡藉可考見夫契丹挾其戰勝之威遷渤海之跡於遼瀋而我 朝即以一成一旅由是以撫有中夏播遷之遺黎即肇奮興之洪業然則肅

慎神明之胄克享天心過此以往盛衰倚伏之理又可
測矣乙丑孟冬朔日吳興劉承幹

渤海疆域考卷一　　求恕齋叢書

洌上徐相雨輯
吳興劉承幹校

總論

渤海者靺鞨之種也唐武后聖曆中建國於故挹婁之地今寧古塔地方是也

舊唐書渤海傳祚榮拒楷固王師大敗則天不能討祚榮遂率其衆東保挹婁之故地據東牟山築城以居之聖曆中自立爲振國

新唐書渤海傳本粟末靺鞨附高麗者姓大氏萬歲

通天中有乞乞仲象者東走渡遼水保太白山之東北阻奧婁阿樹壁自固武后遣玉鈐衛大將軍李楷固擊之時仲象已死子祚榮引殘痍遁去楷固窮躡度天門嶺楷固敗還祚榮恃荒遠乃建國自號震國王 節睿宗先天中遣使拜祚榮爲渤海郡王以所統爲忽汗州領忽汗州都督自是始去靺鞨號專稱渤海

案渤海以舊唐書新唐書參考句麗之亡靺鞨種大氏率家屬徙居營州矣有乞乞仲象者東奔渡遼水保太白山之東北據挹婁故地其子祚榮因以亢國太白山郎今之白頭山也本傳云保挹婁之東牟山直營州東二千里考唐志營州在遼陽州西六百餘里自此東距二千里正爲寧古塔祚

榮開國挹婁故地疑即此地也

開元以後渤海益大又有句麗故地其西界西自開原縣東盡于海北抵黑龍江其南則自今德源郡迤西至大同江

舊唐書渤海傳其地在營州之東二千里南與新羅相接西越憙靺鞨東北至黑水靺鞨地方二千里編戶十餘萬

新唐書渤海傳保挹婁之東牟山地直營州東二千里南接新羅以泥河為境東窮海西契丹節地方五千里戶十餘萬盡得扶餘沃沮弁韓朝鮮海北諸國

案得弁韓者誤矣○開元七年祚榮死子武藝立斥大土宇東北諸夷畏臣之○黑水靺鞨傳黑水部完彊分十六落以南北稱蓋其居最北方者也黑水有拂涅虞婁越喜鐵利等部其地南距渤海北東際於海西抵室韋南北袤二千里東西千里後渤海盛靺鞨皆屬之

大清一統志平壤府漢曰樂浪郡後爲高句麗王都唐置安東府後沒於渤海五代時高麗復取之爲西京

案渤海之扶餘國西接契丹而爲今開原縣則西界止於開原也黑水靺鞨居黑龍江內外而皆役

屬於渤海則北界及於黑龍江也且唐玄宗詔新羅王曰卿置戍浿江當渤海衝要賈耽云新羅渤海以泉井郡爲界泉井今德源郡浿江今大同江東自德源西至大同江與新羅分界也

分其地寘五京十五府六十二州

新唐書渤海傳其地有五京十五府六十二州

遼史地理志太祖東併渤海得城邑之居百有三

大清一統志渤海寘京府州於黑水靺鞨之南及高麗舊境案所寘五京十五府六十二州多在今吉林烏喇寧古塔及朝鮮界其安東府所治遼東故地雖入渤海建置無聞地理志賈耽說可考遼時東京州縣多襲其名號非復故地遼史謂皆渤海之舊其實

未盡然也

秦渤海京府皆在寧古塔烏喇及我國北界而遼東故地不入於疆理何以知其然也開原縣雖爲扶餘府而此其極西斗入之境也開原之東南爲長嶺府又其南爲鴨綠府而皆其邊界也安得有遼東一步地也

清志所論明矣

上京龍泉府在今寧古塔虎爾哈河之東

新唐書渤海傳以肅愼故地爲上京曰龍泉府領龍湖渤三州○天寶末欽茂徙上京直舊國三百里忽汗河之東○地理志營州東百八十里至燕郡城又渡遼水至安東都護府五百里府故漢襄平城也自都護府東北經故蓋牟新城又經渤海長嶺府千五

百里至渤海王城城臨忽汗海其西南三十里有古
肅愼城其北經德理鎭至南黑水靺鞨千里
盛京通志古湖州在今寗古塔境內渤海眞隸龍泉
府舊址無考○古渤州在今寗古塔境內渤海眞隸
龍泉府舊址無考

大清一統志渤海上京城今以唐書考之當在寗古
塔西南境與金上京相近明統志云金滅遼設都於
渤海上京是也○寗古塔古肅愼國地兩漢曰挹婁
後魏時勿吉國隋時靺鞨國地唐時渤海置上京龍
泉府其東北爲黑水靺鞨地遼時女直國金初建都

號上京會寧府元 時合蘭府水達達等路明 時建州

毛憐等衛地

案忽汗河者今虎爾哈河也其云金滅遼設都於渤海上京者指金之會寧府而會寧府即今之寧古塔也據唐書渤海上京在忽汗海之東而城臨其水然則今寧古塔虎爾哈河之東濱河之地即龍泉府也清志謂在寧古塔西南非矣

中京顯德府在上京西南三百里即烏喇東南界也

〔新唐書渤海傳〕肅愼故地爲上京 節 其南曰中京顯德府領盧顯鐵湯榮興六州

〔大清一統志〕顯德府在吉林烏喇城東渤海傳上京南爲中京曰顯德府領盧顯鐵湯榮興六州地理志

自鴨綠江口舟行百餘里乃小舫溯流東北三十里至泊汋口得渤海之境又泝流五百里至丸都城故高麗王都又東北泝流二百里至神州又陸行四百里至顯州天寶中王所都按顯州即顯德府唐先天二年賜名忽汗州是也遼史謂即平壤城又以遼所寘東京之顯州爲本顯德府地皆誤

案渤海傳天寶末徙上京直舊國三百里地志云顯州天寶中渤海王所都自此正東如北六百里至渤海王城顯州者即顯德府也本傳所謂舊國是也王城即天寶末徙居之上京也然則顯德府當在上京西南三百里但地志所敘道里較本傳多三百里未詳殊甚矣然必不出虎爾哈河之西南烏喇城之東南也

東京龍原府今咸鏡道鏡城富寧等地也

新唐書渤海傳濊貊故地爲東京曰龍泉府亦曰柵城府領慶鹽穆和四州○龍原東南瀕海日本道也○王欽茂貞元時東南徙東京華嶼爲王復還上京

古今郡國志渤海國南海鴨渌扶餘柵城四府本高句麗故地自新羅泉井郡至柵城府三十九驛金氏地志

引用

案柵城之名始於高句麗而渤海因之後魏書云句麗東至柵城賈耽云柵城本句麗地者皆是也且新羅泉井郡即今之德源郡也自此北行三十九驛計爲一千一百七十里據唐制三十里眞一驛當至富寧鏡城等地其爲龍原府無可疑也此本沃沮故地而曰濊貊故地者亦沃沮在北濊貊在南壤地

相接而相錯以至於混稱歟其謂能原東南瀕海日本道者相據日本逸史渤海使船多著蝦夷國及出羽能登之境日本惡之乃約由筑紫道太宰府矣後又著能登日本讓其不如約渤海使臣史都蒙對曰發自弊邑南府吐亐浦西指對馬竹室之津海中遭風著此禁境日本竟不能禁遂於能登修飭停宿之所蝦夷出羽能登之地與我咸境北道隔海相對當時使船由東北海通日本也

南京南海府今咸鏡道北青府等地也

〈新唐書渤海傳〉沃沮故地爲南京曰南海嶺沃睛椒三州○南海新羅道也

案沃沮今北青等地而後入於句麗賈耽所云渤海南海海府舊句麗地者是也遼志所云南海軍今之海城縣也以南海之同名遂謂之渤海南海府又謂之沃沮故地以致淸志沿襲傳會誠不審之故也

再案南海之稱亦昉於句麗句麗史云太祖王六十二年八月巡狩南海盖東北地形左海右陸自黑龍江沿海西南至土門江又沿海西南至咸興府之都連浦漸迤漸西在寧古塔等地視之我國咸鏡道之海正在南方故以南海稱之也咸鏡道南界即泉井郡是爲新羅分界處故謂之新羅道也無疑矣

西京鴨淥府今平安道江界府西北隔江地也

新唐書渤海傳高麗故地爲西京曰鴨淥府領神豐桓正四州○鴨淥朝貢道也○地理志自鴨淥江口舟行百餘里乃小舫泝流東北三十里至泊汋口得渤海之境又泝流五百里至丸都縣城故高麗王都又東北泝流二百里至神州又陸行四百里至顯州

天寶中王所都又正東如北六百里至渤海王城

〈遼史地理志〉淥州鴨淥軍節度本高麗故國渤海號西京鴨淥府都督神豐桓正四州事故縣三神鹿神化劒門皆廢○桓州高麗中都城故縣三桓都神鄉淇水皆廢高麗王於此創立宮闕國人謂之新國五世孫釗晉康帝建元初爲慕容皝所敗宮室焚蕩隸淥州在西南二百里○豐州渤海置盤安郡故縣四安豐渤恪隰壤硤石皆廢隸淥州○正州本沸流王故都國爲公孫康所倂渤海置沸流郡有沸流水隸淥州

〔大清一統志〕淥州城在平壤西境遼志云高麗故國也渤海爲西京鴨淥府遼改置淥州鴨淥軍案泊汋口今義州隔江地也丸都縣城即桓州今之楚山府江外地也神州即鴨淥府之治也在句麗爲國內城在遼爲淥州今江界府滿浦鎮江北地也遼志所云桓州在淥州西南二百里者是爾府治雖在江外而平壤以西皆其統屬也蓋此時朝唐路道必由鴨江口發船達於登州海口故稱之以朝貢道也

長嶺府今永吉州等地也

〔新唐書渤海傳〕高麗故地曰長嶺府領瑕河二州○長嶺營州道也

案賈耽云自安東都護府陰灕東北經蓋牟新城又經渤海長嶺府千五百里至渤海王城蓋長嶺

府者當時渤海與遼東往來之路而即其西界也今長白山大幹北走爲納綠窩集又北至烏喇西南爲庫魯訥窩集又北爲歌爾民朱敦嶺脊橫亘數千里通謂之長嶺子邐迤京長嶺之稱古今不異則渤海之長嶺府在今永吉州等地無疑矣

扶餘府今開原縣也其相近者曰鄚頡府

〔新唐書渤海傳〕扶餘故地爲扶餘府常屯勁兵捍契丹領扶仙二州鄚頡府領鄚高二州○扶餘契丹道也

〔遼史地理志〕東京道通州安遠軍本扶餘國王城渤海號扶餘城太祖改龍州聖宗更今名統縣四通遠縣本渤海扶餘縣案遼通州統通遠安遠歸仁漁谷四縣皆渤海縣云而無明證故今

不録○韓州東平軍本槀離國舊治柳河縣高麗置鄚頡府都督鄚頡二州渤海因之今廢○龍州黃龍府本渤海扶餘府太祖平渤海還至此崩有黃龍見更名

盛京通志古扶餘府唐時渤海置其地在開原縣城西

大清一統志黃龍古城在開原縣境本渤海扶餘府今開原縣在吉林烏喇西北而古開元城治不在縣境便知此是黃龍古城也案渤海常屯兵於扶餘府以捍契丹今開原縣爲吉林烏喇咽隘必守之地是爲扶餘府也

再案鄭頡府亦扶餘故地也藁離國即扶餘之所自出而在扶餘北者也且清統志遼韓州金屬咸平路元屬咸平府明屬三萬衛今開原之西即契丹地也以此推之鄭頡府當在開原縣之東北界也

定理安邊二府當在今寧古塔地方

新唐書渤海傳挹婁故地爲定理府領定瀋二州安邊府領安瓊二州

案挹婁故地即渤海初起之地而爲今寧古塔地方安定二府即其地矣

率賓府今咸鏡道三水府以西鴨江內外地也

新唐書渤海傳率賓故地爲率賓府領華益建三州

遼史地理志率賓府刺史古率賓國地

盛京通志恤品路金置節度使本遼時率賓府地元廢今在興京東南邊外

天清一統志廢恤品路在寧古塔城東南金史地理志恤品路遼時爲率賓府本率賓故地天會二年以耶懶路都孛堇所居地瘠遂遷於此因名速頻按恤品速頻即率賓之訛也

案率賓府在句麗曰卒本在金曰恤品恤品今三水府西北鳧江內外地也卒本今廢闇延郡江北地也今自三水等地西進至闇延江北即渤海率賓府也廣攷前史未得率賓國之名抑卒本爲句麗故都故謂之率賓國歟意者卒本率賓音之轉而易訛者也

東平鐵利二府當在今寧古塔東北黑龍江地方

新唐書渤海傳拂涅故地爲東平府領伊蒙沱黑比五州鐵利故地爲鐵利府領廣汾蒲海義歸六州

案唐書黑水靺鞨有拂涅越喜鐵利等部屬於渤海其地南距渤海東北際於海西抵室韋方數千里今之黑龍江地是也諸部之中益東曰拂涅部天寶中獻鯨睛於唐拂涅似在黑龍江之最東而瀕於海者爲東平府也鐵利府似爲鐵利故地似亦在黑龍江地方矣

懷遠安遠二府當在今黑龍江地方西界

新唐書渤海傳越喜故地爲懷遠府領達越懷紀富美福耶芝九州安遠府領寧郿慕常四州

案越喜者黑水部屬也舊書云渤海西接越喜靺鞨東北至黑水靺鞨然則越喜爲黑水部之最西南者而當在今黑龍江駐防西界之諾尼江近地爲懷安二府也

又獨奏州有郢銅涑三州其地界未詳

新唐書渤海傳又郢銅涑三州爲獨奏州涑州以其近涑沫江蓋所謂粟末水也案獨奏似謂不隸於他府而自達者也

遼史地理志東京道郢州彰聖軍渤海置○銅州廣利軍渤海置○涑州渤海置

盛京通志古郢州案遼史渤海置遼因之在今寧古塔境內舊址無考○古涑州渤海置遼因之金廢舊址無考案渤海傳以其近粟末河故名今案粟末河卽混同江應在混同江左右之地

案日本史渤海使者有若忽州都督及玄菟州刺史之名若忽州似是忽汗州之轉訛而玄菟州無

乃盧廮之官號歟且舊唐書渤海傳有桂婁郡王大門藝之稱桂婁疑其郡名並無他證今從闕略

後唐時遼滅渤海其地爲女眞所據卽金人所起地也

元史地理志古肅愼之地隋唐曰黑水靺鞨後渤海盛靺鞨皆役屬之又其後渤海爲契丹所攻黑水復擅其地東瀕海南界高麗西北與契丹接壤卽金鼻祖之部落也初號女眞後避遼興宗諱改曰女直太祖烏古打滅遼卽上京設都海陵遷都於燕改爲會寧府

渤海疆域考卷一

渤海疆域考卷二

洌上徐相雨輯
吳興劉承幹校

辨誤附郡縣名　未詳郡縣

遼并渤海從其州縣於遼東名既隨遷疆域從以晦焉

盛京通志遼地自遼金襲渤海五京之制而形勢分明

案渤海地界唐書所敘雖甚疎略而京府位置秩然可攷而遼史亂之矣遼並渤海移民徙邑舊號因之而撰志者不復區別仍以遼東州縣牽合混稱假令從其說而無辨焉則東京在西京之西中京在東京之西其曰可乎且盛京志遼襲渤海五京之制形勢分明云者是又何所據也至於遼志

所稱渤海郡縣之名猶有可徵
者今載於下而亦難盡信也

其上京龍泉府或指爲遼東或指爲開原縣誤也

遼史地理志東京道湖州興利軍渤海置○勃州清
化軍渤海置○上京道保和縣本渤海國富利縣民
太祖破龍州徙富利縣人散居京南

案遼之東京卽遼陽古城而其界東限混同江西
踰遼水南抵鴨淥江又於東京北置上京今之廣
寧縣西北邊外也渤海之龍湖勃三州本隸龍泉
府今虎爾哈河之東也明是肅愼故地則何涉於
遼東
耶

元史地理志開元路古肅愼之地隋唐曰黑水靺鞨
其後渤海盛靺鞨皆役屬之又其後女眞滅遼卽上

京設都爲會寧府金末其將蒲鮮萬奴據遼東元初癸巳歲出師伐之生禽萬奴師至開元恤品東土悉平開元之名始見於此乙未歲立開元南京二萬戶府治黃龍府至元二十三年改爲開元路

盛京通志開元縣肅愼氏地漢屬扶餘國界唐時渤海爲上京龍泉府

大清一統志故三萬衞在開元縣城內明洪武二十二年寘按明統志衞本古肅愼氏地後曰挹婁元魏時號曰勿吉隋曰黑水靺鞨唐開元中置黑水府元和以後服屬渤海爲上京龍泉府契丹攻渤海黑水

乘間復其地號熟女眞後滅遼遂建都國號曰金後遷都於燕改此爲會寧府號上京元改爲開元路洪武二十一年置兀者野人乞例迷女直軍民府二十二年罷府置衞撥三萬衞在渤海曰扶餘府在遼曰黃龍府在金曰會寧府在元曰開元路其實一也通志曰古開元城在三萬衞西門外金末其將蒲先解萬奴據遼東元出師伐之擒萬奴至開元東土悉平開元之名始此元於其地置萬戶府則知明之三萬衞即元之萬戶府也又云金初建都置會寧州太宗時陞會寧府號上京元初設開元南京二萬戶府則

知元之萬戶府即金之會寧府也又云遼龍州隸東京金太祖建都置會寧州遼史云太祖置黃龍府保寧中廢開泰九年復置龍州則知金之會寧府即遼之黃龍府也通志又云黃龍府本渤海扶餘府遼祖平渤海道至此有黃龍見城上長亘一里光耀奪目因名黃龍府則知遼之黃龍府即渤海之扶餘也考通志古蹟所載扶餘城本扶餘王城在今開原縣境尤可明驗或據全遼志咸平在開元東北隅遂謂明三萬衞乃金之咸平府咸平爲古銅山地自在開原縣南其說誤矣案全遼志說似是○開原縣在奉天府東北

二百里唐虞息愼氏商周及秦肅愼氏漢屬扶餘界唐置黑水州都督府後渤海取爲扶餘府尋爲龍泉府遼屬龍州金初建都置會寧府元初設開元路明改元爲原後廢開原路置三萬衛康熙三年設開原縣隸奉天府按古三萬衛在今開原城内明一統志古開元城在三萬衛西門外可知改元爲原非二地也

案開原縣古扶餘地也在渤海爲扶餘府在遼爲黃龍府在金爲咸平府瀩詮在元爲開元路在明爲三萬衛寧古塔古挹婁國也在渤海爲龍泉府在遼爲女直國在金爲會寧府在元爲水達達路在明爲毛憐衛歷攷前史兩地沿革昭昭班班而明清諸志渾以爲說甚矣誤也第以清統志一書

觀之其寧古塔沿革曰渤海爲龍泉府金爲會寧府開原縣沿革曰渤海爲扶餘府尋爲龍泉府金置會寧府既知寧古塔之爲會寧而又牽合於開原者何也考唐書渤海無徙京移府之舉其云開原初爲扶餘府尋爲龍泉府者何也盛京沿革曰金以混東江以東爲上京會寧府江以西爲咸平府此可爲證於開原之非會寧而全不照檢一反前說何其謬也

盛京通志烏喇寧古塔周肅愼氏國漢挹婁國唐置黑水府渤海大氏於混同江之西置上京龍泉府金於混同府左右置肇隆信三州東爲呼里改路西爲恤品路南近高麗爲合懶路接渤海上京城明一統志云卽三萬衛地今考三萬衛乃渤海扶餘府地明以牙克薩山爲界今開原以威遠堡爲界則渤海上

京應屬烏喇界內

案盛京通志之辨龍泉府之非三萬衛地則是矣謂在混同江西則亦不免訛誤也

中京顯德府謬指爲遼陽州

（遼史地理志）東京遼陽府本朝鮮之地漢爲四郡晉陷高麗元魏太武遣使至其所居平壤城遼東京本此唐高宗平高麗於此置安東都護府後爲渤海大氏所有中宗賜所都曰忽汗州卽故平壤城也號中京顯德府太祖攻渤海拔忽汗城俘其王大諲譔以爲東丹王國立太子圖欲爲人皇王以主之轄州府軍城八十七統縣九○遼陽縣本渤海國金德縣地

漢浿水縣高麗改爲句麗縣渤海爲常樂縣案淸統志金德常樂顯德府縣名○仙鄕縣本漢遼隊縣渤海爲永豐縣○又云顯州山東縣本漢望平縣穆宗割渤海永豐縣民爲陵戶○鶴野縣本漢居就縣地渤海爲雞山縣昔丁令威家此○析木縣本漢望平縣地渤海爲花山縣○興遼縣本漢平郭縣地渤海改爲長寧縣唐元和中渤海王大仁秀南定新羅北略諸部開置郡邑遂定今名○又云上京道長寧縣本顯德府縣名太祖平渤海遷其民於此○盧州玄德軍本渤海杉盧郡故縣五山陽杉盧漢陽白巖霜巖皆廢○又云巖州白巖軍本渤海白巖城○白巖縣○鐵州建武軍本漢安市縣高麗爲安市渤海置

城唐太宗攻之不下薛仁貴白衣登城即此渤海置
州故縣四位城河端蒼山龍珍皆廢〇五代史自幽州行十餘日過平山出榆關行沙磧中七八日至錦州又行五六日過海北州又行十餘日度遼水至渤海國鐵州〇
湯州本漢襄平縣地故縣五靈峰常豐白石均谷嘉
利皆廢〇又云乾州靈山縣本渤海靈峰縣地〇興州中興軍本漢海
冥縣地渤海置州故縣三盛吉蒜山鐵山皆廢〇又云中京道盛吉縣太祖平渤海俘興州盛吉縣民來居此因置縣〇顯州奉先軍本渤
海顯德府地
資治通鑑注漢遼東郡有遼陽縣大梁水與遼水會
處也契丹于此置遼陽府歐史自黃龍府西北行一

千三百里至遼陽府案遼陽府契丹之東京舊渤海
地距燕京二千五百一十里
盛京通志遼陽州古渤海城唐時渤海大氏建在今
州城東北隅○古仙鄉縣遼志渤海爲永豐縣按明
一統志在今海城縣城西六十里○古鶴野縣遼志
渤海爲雞山縣按明統志在今遼陽州城西南○金
州唐平高麗置後渤海屬杉盧郡
大清一統志遼陽古城今遼陽州治按遼陽本漢縣
名屬遼東郡後漢安帝改屬元菟郡晉廢其址久湮
以漢志及水經注考之其地當在今州西北界承德

遼陽之間梁水渾河交會之處金州乃遼金之遼陽也遼志云本漢浿水縣高麗改爲句麗縣渤海爲常樂縣浿水在漢樂浪郡今朝鮮界內金德常樂乃渤海中京顯德府縣名皆不在此又案新唐書渤海所建府州無遼陽之名而遼志謂之遼陽故城金志直云渤海遼陽故城疑唐中葉安東府廢後渤海置城於此謂之遼陽事或有之然考遼紀太祖三年幸遼東神册三年幸遼陽故城四年建東平郡天顯元年始攻拔渤海扶餘城進圍忽汗城降大諲譔置東丹國太宗三年遷東丹國民於東平郡是渤海未平之

前遼陽之地早入契丹初名遼東復名遼陽或即遼時命名非由渤海也遼志不考地理遂謂東京即平壤城亦即忽汗州又即中京顯德府以相去各千餘里之地合而為一誤甚

案遼東之地本不入於渤海何可以遼陽州為顯德府也遼之顯州奉先軍本在遼水以西又何可謂顯德府故地也清統志辨之甚悉矣

東京龍原府謬指為鳳凰城

遼史地理志東京道開州鎮國軍本濊貊地高麗為慶州渤海為東京龍原府有宮殿都督慶鹽穆賀四州事故縣六曰龍原永安烏山壁谷熊山白楊皆廢

壘石爲城周圍二十里唐薛仁貴征高麗與其大將
温沙門戰熊山擒善射者於石城即此太祖平渤海
徙其民於大部落城遂廢聖宗伐新羅還周覽城基
復加完葺號開封府統州三縣一○開遠縣本栅城
地高麗爲龍原縣渤海因之遼初廢聖宗東討復置
○鹽州本渤海龍河郡故縣四海陽接海格川龍河
皆廢○穆州保和軍本渤海會農郡故縣四會農水
岐順化美縣皆廢○賀州本渤海吉理郡故縣四洪
賀送城吉理石山皆廢○宗州熊山縣本渤海縣地
○上京道永安縣本渤海龍原府慶州縣名太祖平

渤海破懷州之永安遷其人置寨建縣

盛京通志鳳凰城周朝鮮界本濊地漢屬元菟郡晉隸平州隋屬高麗慶州地唐平高麗屬安東都護府後渤海大氏據之爲東京龍原府按遼志稱山上疊石爲城周圍二十里今鳳凰城山上古城猶在○古開遠縣在鳳凰城境内即渤海龍原縣地

大清一統志朝鮮開州城在咸興府西北遼志本濊貊地高麗置慶州渤海爲東京龍原府遼置開封府開遠軍遼末入於高麗或謂之蜀莫郡案蜀莫郡今開城府圖經郡在開州之東又開遠廢縣故開州治也遼志云

本柵城地高麗爲龍原縣慶州治焉渤海因之遼初廢後復置○熊山城在開州西遼志渤海時龍原府統縣六曰龍原永安烏山壁谷熊山白楊遼初皆廢○鹽州城在開州西北遼志州去開州百四十里本渤海置亦曰龍河郡統海陽接海格川龍河四縣遼初皆廢而鹽州仍舊又穆州城在開州西南一百二十里渤海置亦曰會農郡領會農水歧順化美縣四縣遼仍曰穆州治會農縣又賀州城亦渤海置亦曰吉理郡領洪賀送誠吉理石山四縣遼皆廢仍曰賀州與鹽穆二州俱隸於開州後沒於高麗○開州故

城在鳳凰城東南遼史地理志開州鎮國軍本濊貊地高麗爲慶州渤海爲東京龍原府太祖平渤海徙其民于大部落城遂廢聖宗復加完葺號開封府領鹽穆賀三州金廢全遼志開州城在遼陽城東三百六十里卽今鳳凰山堡按後漢書濊貊與高句麗沃沮南與辰韓接東窮大海西至樂浪唐書渤海以濊貊故地爲東京曰龍原府亦曰柵城府領慶鹽穆賀四州又云龍原東南瀕海日本道也其地在今朝鮮東界考明成化中朝鮮使還遇掠鳳凰山下奏乞更開貢道於舊路南因築此城則鳳凰城實在朝鮮之

東遼爲開州渤海爲龍原矣又通志鳳凰城在府東南四百二十里遼陽百二十里四百二十減百二十知城去遼陽果三百餘里也全遼志說亦通

案遼之開州正在今鳳凰城而謂之渤海龍原府則誤矣清統志沿襲遼志初不刊正或指咸興府或指鳳凰城又或指開城府東西錯置乃引開貢道事遂謂鳳凰城在朝鮮東以實濊貊故地又誤之極處濊本我嶺東地何涉於鳳凰城也鳳凰城之地亦不可謂東南瀕海也渤海西京正在鴨江上流實實無疑今若以鳳凰城當龍原府則是東京反在西京之西是豈成說乎大抵龍原府者不必指東而又指西也

的是我鏡城地也

南京南海府謬指爲奉天府之海城縣

遼史地理志東京道海州南海軍本沃沮國地高麗

爲沙卑城唐李世勣嘗攻焉渤海號南京南海府疊石爲城幅員九里都督沃睛椒三州故縣六沃沮鷲巖龍山濱海昇平靈泉皆廢○耀州本渤海椒州故縣五椒山貂嶺澌泉尖山巖淵皆廢○嬪州柔遠軍本渤海睛州故縣五天睛神陽蓮池狼山仙巖皆廢

盛京通志渤海南京疊石爲城周九里渤海大氏所建在今海城縣界

大清一統志海州古城今海城縣治遼置海州南海軍又置臨溟縣爲州治金改澄州元州縣皆廢明置海州於此按遼志州本沃沮國地高麗爲沙卑城遼

志云海城有沙卑城高麗置唐伐高麗程名振攻沙卑夜入其西郭即此故沃沮地也考後漢書東沃沮在高句麗蓋馬大山之東漢之蓋馬即唐蓋牟今蓋平縣也今海城西南至蓋平界八十里是海城正在蓋平界矣自此說明則知在漢爲沃沮在高麗爲沙卑在渤海爲南海府在遼爲海州更無疑也○耀州古城在海城縣西南六十里按遼志耀州本渤海椒州考通志海城唐初置蓋州入渤海爲南京南海府統沃睛椒三州州六縣遼時耀州即南海所統之椒州也又漢書高句麗蓋馬大山在平壤西今海城西南

實蓋平界也

案沃沮明是我北青等地而渤海之南海府即此也遼志所云南海軍今之海城縣也以南海之同名而遂謂之渤海南海府又謂之沃沮故地誤之誤者莫此甚矣清統志不之審正有此傳會遼志誤之也

定理府或指爲奉天府之承德縣或指爲興京誤也

（遼史地理志）東京道瀋州昭德軍本挹婁國地渤海建瀋州故縣九皆廢太宗置興遼軍後更名○定理府刺史故挹婁國地

（元史地理志）瀋陽路本挹婁故地渤海大氏建定理府都督瀋定二州此爲瀋州地

盛京通志奉天府承德縣周肅愼氏地漢挹婁國唐睿宗時屬渤海大氏實瀋州轄於定理府○古瀋州唐時渤海置隸定理府舊址無考今案瀋水在承德城南四里古瀋州在今城内之地

天清一統志奉天府承德縣秦以前肅愼氏地漢晉唐屬挹婁國睿宗時屬渤海大氏實瀋州轄於定理府遼置興遼軍後改昭德軍金時爲瀋州治元初於瀋州寘安撫高麗軍民總管府尋改瀋陽路明洪武中置瀋陽中衛隸遼東都指揮司本朝爲盛京康熙十三年設承德縣爲首邑按唐書渤海傳以挹婁故

地爲定理府遼史云瀋州本挹婁國地渤海建瀋州二說正合通志古蹟載承德有挹婁河注云挹婁即挹婁今之承德實遼瀋州其爲古挹婁無疑○挹婁古城在鐵嶺縣南六十里遼置興州中興軍置常安縣金慶州大定二十九年改爲挹婁縣屬瀋州元廢明時訛爲懿路城今爲懿路站按遼志興州本漢海冥縣地渤海置州金志挹婁縣遼舊興州常安縣遼常置定理府於此本挹婁故地遼金二志互異當從金志

案遼之瀋州實在今承德縣而謂之渤海之定理府瀋州則大誤矣定理府即挹婁故地而的在寧

古塔地方何啻於承德縣耶就以定理府言之扶餘府爲契丹道是其西界之極也若以承德縣當扶定理府則使定理府反在扶餘府之西其云可乎

謹按遼史本紀天顯元年正月拔扶餘城進破忽汗城出降二月南海定理諸府來朝定理若在扶餘之西則何不先破遼兵至忽汗城破亡後始降耶諟定理之在忽汗城胡塔之東尤無疑矣

盛京通志興京周肅愼氏地漢挹婁地南北朝勿吉地隋高麗地唐初置燕州後爲渤海大氏所據改隸定理府遼定理府地屬瀋州元瀋陽路明建州衛地

○興京古蹟古定州高麗置渤海因之屬定理府遼改定州保寧軍金廢案以興京指爲定理則亦誤矣

附遼史地理志雙州保安軍本挹婁故地渤海置安定郡統縣一雙城縣本渤海安夷縣地○淸一統志雙城廢縣在鐵嶺縣西遼史地理志雙州保安軍本挹婁故地渤海置安定郡久廢全遼志云雙城縣在鐵嶺城西六十里考通志鐵嶺實爲挹婁國地雙州在鐵嶺城西知亦挹婁故城也

案安定郡本挹婁國故地也或者是定理安邊二府中所轄而謂在鐵嶺縣西則甚非矣

率賓府或指爲遼西地或指爲鳳凰城誤也

遼西地理志東京道顯州奉先軍所統康州世宗遷渤海率賓府人戶置統縣一率賓縣本渤海率賓府

地

盛京通志古率賓府渤海置遼因之舊址無考按渤海傳渤海於古率賓國地置率賓府領華益建三州遼廢州存府金元州府俱廢今按建州在興京界內而率賓府及華益二州皆近鳳凰城界○古華州唐渤海置遼并入率賓府今舊址無考○古益州渤海置遼廢今鳳凰城東南一百二十餘里朝鮮界有益州城俗誤呼愛州

案遼志率賓縣隸顯州而州在遼西醫巫山南謂之渤海率賓府地者甚誤矣盛京通志所云益州蓋指我義州也且華益二州謂在鳳凰城界內鳳城益州等地在渤海時當屬鴨淥府何可復屬率

賓府耶夫率賓在金爲恤品路衿庄矣鳳凰城界與恤品路東西隔絶不相屬焉其謬不待再辨也

東平府謬指爲承德廣寧等處

（遼史地理志）東京道遼州始平軍本拂涅國城渤海爲東平府唐太宗親征高麗李世勣拔遼城高宗詔程名振蘇定方討高麗至新城大破之皆此地也太祖伐渤海先破東平府遷民實之故東平府都督伊蒙陀黑比五州共領縣十八皆廢有遼河羊腸河錐子河蛇山狼山黑山巾子山統州一祺州祐聖軍本渤海蒙州地○遼陽府紫蒙縣本漢鏤方縣地後拂涅國置東平府領蒙州紫蒙縣後徙遼城并入黃嶺

縣渤海復爲紫蒙縣

大清一統志今考唐書粟末靺鞨居最南稍東北曰汨咄部益東曰拂涅部其地距今承德廣寧甚遠遼志以遼州有東平軍之名遂謂即渤海東平府又因州名爲遼遂謂即唐時遼城新城皆誤也

案東平府在黑龍江地方何涉於廣寧等地也清志辨遼志之誤甚是

附遼史地理志東京道尙州鎭遠軍本漢襄平縣地渤海爲東平寨

案東平寨或是東平府所屬而無他可證也

鐵利府謬指爲遼東地

遼史地理志神册初平渤海得廣州本渤海鐵利府改曰鐵利州○東京道廣州防禦漢屬襄平縣高麗爲當山縣渤海爲鐵利郡太祖遷渤海人居之建鐵利州○鐵利府刺史故鐵利國地○上京道永州義豐縣本鐵利府義州遼兵破之遷其民於南樓之西北仍名義州○又云懷州富義縣本義州太宗遷渤海義州民於此

懷遠府謬指爲今鐵嶺縣地

遼史地理志東京道信州彰聖軍本越喜故城渤海置懷遠府今廢聖宗以地鄰高麗開泰初置州○銀州富國軍本渤海富州太祖以銀冶更名統縣三延

津縣本渤海富壽縣境有延津故城更名新興縣本故越喜國地渤海置銀冶嘗置銀州○遂州本渤海美州地

〔盛京通志〕鐵嶺縣周秦肅愼氏地漢晉挹婁國地隋越喜國地唐渤海大氏取越喜地改富州屬懷遠府金元咸平府明改鐵嶺衛古有鐵嶺城在衛治東南五百里接高麗界洪武二十一年置衛於彼後二十六年徙此仍名鐵嶺衛按古鐵嶺城在今治東南五百里○渤海於今鐵嶺置銀冶故號銀州○古信州本渤海懷遠府地在今寧古塔境內

大清一統志信州故越喜地在今開原縣南全遼志云開原東北非是

案鐵利懷遠二府俱在黑龍江地方而遼志以遼東州縣傅會爲說已極誤焉而盛京志初不置辨一從遼志之誤遂謂今鐵嶺縣在漢爲挹婁地在隋爲越喜地謬甚矣

安遠府謬指爲鴨江西地是皆由遼志之誤也

遼史地理志東京道淥州鴨淥軍所統慕州本渤海安遠府地故縣二慕化崇平久廢隸淥州在西北二百里

大清一統志淥州城在朝鮮平壤西境節慕州城在淥州西二百里本渤海安遠府地領慕化崇平二縣

遼改置慕州屬淥州後廢

案安遠府亦在黑龍江地方而遼之淥州在今江界府北隔江地矣淥州西二百里安得爲安遠府耶誤甚矣

附未詳郡縣

遼史地理志東京道辰州奉國軍本高麗蓋牟城唐太宗會李世勣攻破蓋牟城卽此渤海改爲蓋州又改辰州以辰韓得名井邑騈列最爲衝會○崇州隆安軍本漢長岑縣地渤海置州故縣三崇山潙水淥城皆廢○乾州廣德軍司農縣本渤海麓郡縣幷麓波雲川二縣入焉○貴德州寧遠軍本漢襄平縣地

統縣二貴德縣本漢襄平縣渤海爲崇山縣奉德縣
本渤海淥城縣地常置奉德州○集州懷衆軍古陴
離郡地漢屬險瀆縣高麗爲霜巖縣渤海置州統縣
一奉集縣渤海置○遂州本渤海美州地統縣一山
河縣本渤海縣併黑川麓川二縣置○通州安遠軍
本渤海扶餘城統縣四通遠縣本渤海扶餘縣併布
多縣置安遠縣本渤海顯義縣併鵲川縣置歸仁縣
本渤海強師縣併新安縣置漁谷縣本渤海縣○又云上
京道懷州扶餘縣本龍泉府太祖遷渤海扶餘縣降戶於此○韓州東平軍本渤
海鄚頡府統縣一柳河縣本渤海粵喜縣地併萬安

縣置○銀州富國軍統永平縣本渤海優富縣地太
祖以俘戶置舊有永平寨○咸州安東郡本高麗銅山
縣地渤海置銅山郡地在漢侯城縣北渤海龍泉府
南統縣一咸平縣唐安東都護天寶中治營平二州
閒即此太祖滅渤海復置安東軍○信州彰聖軍統
縣二武昌縣本渤海懷福縣地定武縣本渤海豹山
縣併乳水縣人戶置○賓州懷化軍本渤海城統和
十七年遷兀惹戶置刺史于鴨子混同二水之閒○
龍州黃龍府本渤海扶餘府統縣三黃縣本渤海長
平縣併富利佐慕肅慎置遷民縣本渤海永寧縣併

豐水扶羅置永平縣渤海寘○又云上京道長泰縣本渤海國長平縣民太祖伐大諲譔先得是邑遷其人於京西北與漢民雜居○渤州清化軍統縣一貢珍縣渤海置○麓州渤海置○上京道定霸縣本渤海扶餘府強師縣民太祖下扶餘遷其人於京西與漢人雜處○鳳州虆離國故地渤海之安寧郡境南王府五帳分地古韓州北二百里西北至上京九百里

〈盛京通志〉古武昌縣渤海懷福縣地莫考○古定武縣本渤海豹山縣地無考

〈大清一統志〉東那城在正州西七十里渤海置遼因

之仍屬正州後廢○朝鮮郭州城在平壤西北唐置
渤海因之今日郭山府○舊志定遼前衛治在遼陽
城東北隅即渤海城相傳渤海大氏所建

渤海疆域考卷二